教师口语表达与实践

Teacher's Oral Expression and Practice

周芸　朱腾　邱昊　杨颖 ◎ 著

北京大学出版社
PEKING UNIVERSITY PRESS

图书在版编目(CIP)数据

教师口语表达与实践 / 周芸等著. —北京：北京大学出版社，2023.7
ISBN 978-7-301-33990-9

Ⅰ.①教… Ⅱ.①周… Ⅲ.①教师－口语－语言表达－教材 Ⅳ.①H193.2

中国国家版本馆 CIP 数据核字(2023)第 080345 号

书　　　名	教师口语表达与实践 JIAOSHI KOUYU BIAODA YU SHIJIAN
著作责任者	周芸　朱腾　邱昊　杨颖　著
责任编辑	崔蕊
标准书号	ISBN 978-7-301-33990-9
出版发行	北京大学出版社
地　　　址	北京市海淀区成府路 205 号　100871
网　　　址	http://www.pup.cn　新浪微博：@北京大学出版社
电子信箱	zpup@pup.cn
电　　　话	邮购部 010-62752015　发行部 010-62750672　编辑部 010-62754144
印 刷 者	北京溢漾印刷有限公司
经 销 者	新华书店
	787 毫米 × 1092 毫米　16 开本　15 印张　253 千字 2023 年 7 月第 1 版　2025 年 1 月第 4 次印刷
定　　　价	42.00 元

未经许可，不得以任何方式复制或抄袭本书之部分或全部内容。
版权所有，侵权必究
举报电话：010-62752024　电子信箱：fd@pup.pku.edu.cn
图书如有印装质量问题，请与出版部联系，电话：010-62756370

目 录

第一章 教师口语基础理论及训练 ············· 1
第一节 教师口语基础理论 ············· 3
一 语言 ············· 3
二 口语 ············· 5
三 教师口语 ············· 8
四 教师口语风格及其表现 ············· 14
第二节 教师口语基础训练 ············· 29
一 口语表达中的发声训练 ············· 30
二 口语表达中的心理训练 ············· 37
三 口语表达中的思维训练 ············· 40
四 口语表达中的倾听训练 ············· 42

第二章 课堂教学口语表达与实践 ············· 46
第一节 课堂教学口语基础理论 ············· 48
一 课堂教学口语的含义 ············· 48
二 课堂教学口语的功能 ············· 49
三 课堂教学口语的特点 ············· 54
四 课堂教学口语的类型 ············· 61
第二节 课堂教学口语技能训练 ············· 73
一 导课语表达训练 ············· 75
二 讲解语表达训练 ············· 80
三 结课语表达训练 ············· 85
四 提问语表达训练 ············· 88

第三章　思想教育口语表达与实践 ·················· 92

第一节　思想教育口语基础理论 ·················· 94
一　思想教育口语的含义 ·················· 94
二　思想教育口语的功能 ·················· 94
三　思想教育口语的特点 ·················· 95
四　思想教育口语的类型 ·················· 98

第二节　思想教育口语技能训练 ·················· 105
一　沟通语表达训练 ·················· 106
二　说服语表达训练 ·················· 110
三　表扬语表达训练 ·················· 114
四　批评语表达训练 ·················· 117
五　激励语表达训练 ·················· 121
六　启迪语表达训练 ·················· 124

第四章　教师交际口语表达与实践 ·················· 128

第一节　教师交际口语基础理论 ·················· 130
一　教师交际口语的含义 ·················· 130
二　教师交际口语的功能 ·················· 130
三　教师交际口语的特点 ·················· 131
四　教师交际口语的类型 ·················· 133

第二节　教师交际口语技能训练 ·················· 141
一　教师与家长口语交际表达训练 ·················· 143
二　教师与同事口语交际表达训练 ·················· 150
三　教师与领导口语交际表达训练 ·················· 155
四　研讨座谈口语交际表达训练 ·················· 160
五　工作联络口语交际表达训练 ·················· 166

第五章 教师体态语运用与实践 ... 171
第一节 教师体态语基础理论 ... 173
- 一 教师体态语的含义 ... 173
- 二 教师体态语的功能 ... 173
- 三 教师体态语的特点 ... 175
- 四 教师体态语的类型 ... 177

第二节 教师体态语技能训练 ... 193
- 一 教师体态语训练提示 ... 194
- 二 教师体态语案例分析 ... 195
- 三 教师体态语技能训练 ... 198

第六章 教师口语表达常见失误及诊治 ... 203
第一节 教师语言失误的表征及诊治 ... 205
- 一 教师语言失误及其表征 ... 205
- 二 教师语言失误的诊治 ... 213

第二节 教师语用失误的表征及诊治 ... 216
- 一 教师语用失误及其表征 ... 216
- 二 教师语用失误的诊治 ... 222

参考文献 ... 231
后　记 ... 233

第一章 教师口语基础理论及训练

【学习目标】

○ 知识目标：

- 了解"语言""语言交际"的含义，理解语言的表现形式、语言交际的五个阶段。
- 了解"口语"的含义、特点和类型，理解职业口语的特点。
- 掌握"教师口语"的含义，理解教师口语的特点及类型，理解教师口语的功能。
- 掌握"教师口语风格"的含义，理解教师口语表现风格及其培养路径。

○ 能力目标：

- 能正确运用口腔控制、吐字归音、呼吸方式、发声方式、共鸣调节等，清晰、准确和流畅地进行口语表达。
- 能自查自纠口语表达中出现的认知能力、情感情绪、动机目的等方面的问题，克服语用心理障碍。
- 能选择和运用恰当的思维方式进行口语表达，具备逻辑性、深刻性、敏捷性、灵活性、创造性的思维素质。
- 能围绕感知与记忆、理解与组织、反应与评价等方面的测评指标，提升口语表达中的倾听能力。

【知识导图】

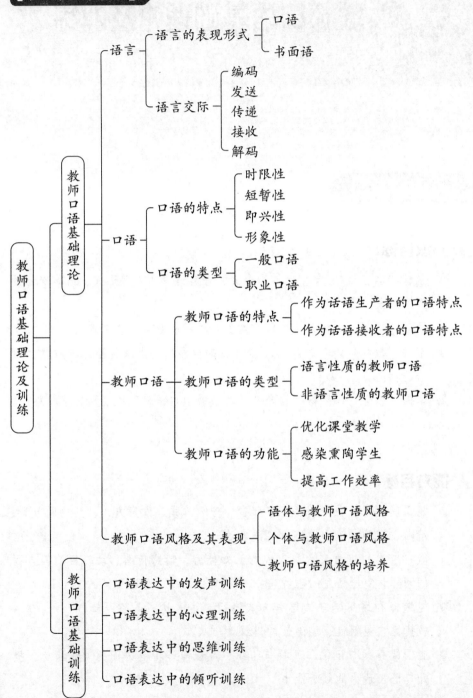

第一节　教师口语基础理论

一、语言

语言作为一种音义结合的符号系统，是人类最重要的交际工具和思维工具。

语言以语音为物质外壳，以词汇为建筑材料，以语法为结构规则，"不仅可以描述现时世界，而且可以追忆过去和悬想未来，可以臧否社会成员和评价成员之间的社会关系，可以虚构出各种故事，并能够将这些故事推演为群体的信仰。语言的这种功能，不仅有利于信息交流、经验积累和发展认知能力，而且还能够进行社会制度的构建，促成精神家园的形成"。[①] 可以说，语言作为一个国家、一个民族的历史文化的重要符号，在阐释文化内涵、推动文化发展、促进文化创新等方面，具有重要的功能和作用。从某种意义上说，语言"与国家的政治、经济等其他元素相比，能更深刻地反映该国家的发展历史与精神实质，与该国的国家安全和国家的根本利益密不可分。因此，一旦其受到外来因素的侵蚀或破坏，就必然会导致该国家的民族文化受到威胁，呈现出一定的不稳定，最终不利于其经济、政治、文化等各方面的长远发展"。[②]

（一）语言的表现形式

从传播媒介和交际渠道来看，语言有口语和书面语两种表现形式。

口语是说出来的话，即人们运用有声语言交流思想感情的言语行为及其结果。口语是伴随着人类长期的社会性劳动而产生和发展起来的。人类为了能够不断地繁衍生息、共同完成劳动生产、保护个体及群体，基于彼此合作、相互协调的生存需要，人与人之间就需要传递信息和交流感情；而人与人之间传递

---

① 李宇明（2017）语言技术对语言生活及社会发展的影响，《中国社会科学》第2期，146—147页。
② 王琳（2018）国防语言战略视角下中国特色语言安全问题研究，《语言政策与语言教育》第1期，22—23页。

信息、交流感情的最主要的方式便是"说话",即发话人按照特定结构规则组合起一连串音义结合的符号来向他人传递信息和交流感情。可以说,劳动创造了人类,人类又在劳动中创造了语言;人们运用语言所产生的口语,也作为一种社会现象,随着社会的产生而产生,随着社会的发展而发展。

书面语是用文字记录下来的语言,如文学作品创作、科学研究与交流、事务性文章写作、新闻报道与评论等所使用的语言。词语表达规范、句子结构完整、语篇具有连贯性和逻辑性,这是书面语的语言运用特点。

口语和书面语既有联系又有区别。口语是书面语产生的基础,具有平易自然、生动活泼的特点,能为书面语的发展提供鲜活的材料,从而促使书面语得以不断完善;书面语是口语的提炼和升华,具有严密规范、庄重典雅的特点,影响和规范着人们现实生活中的口语表达,并促使口语向规范化的方向发展。一般说来,书面语的发展变化相对要滞后于口语。

(二)语言交际

交际是人与人之间的往来接触、信息传递和感情交流。人类的语言交际是一种以语言文字为工具的交际活动,它不仅是一种基于交际双方和中介媒介的思想感情的交流传递过程,而且也是人类社会成员通往社会的重要渠道,是每一个社会成员相互之间联系的纽带。

语言交际大致可以分为编码、发送、传递、接收、解码五个阶段。第一阶段是"编码"。人类的语言交际是由客观现实在大脑中所引起的思想感情反应而产生的。如果发话人因此而产生了特定的思想、愿望、意志或情感,即形成了语言交际的动机和意图,那么就会运用特定的语言符号及其结构规则,或者通过语音,或者通过文字,将其表达出来。此时,就进入了语言交际的第二阶段"发送"。在"发送"阶段,语言编码得到完善,并由此转向第三阶段"传递",即通过特定的传播媒介(如声波、光波、电波等)向受话人传送话语。第四阶段为"接收",即受话人借助特定的生理活动(包括听和看),接收发话人发出的话语信息。受话人接收到话语之后,便会运用语境、逻辑、语义等知识,对话语信息进行理解,并力图将其"还原"为发话人所说的话,这就是语言交际的最终阶段"解码"。

在语言交际的过程中，编码、发送阶段属于发话人一方，传递阶段属于发话人和受话人之间，接收、解码阶段属于受话人一方。当受话人完成解码后，通常都会对话语做出相应的反馈，此时受话人的话语角色就会转变为发话人，开始新的编码和发送。语言交际就是这样在五个阶段上循环往复的。

二、口语

口语是人们运用语言所说出来的话。它作为人类所特有的一种社会交际行为及其结果，是发话人在特定的语境中，为了实现某种交际目的或完成某种交际任务，运用语言向受话人宣事、达理、表情、达意的一种言语行为。

在日常生活中，口语的使用频率高，适用范围广。人们不仅可以通过口语来完成阐述、确认、应允、指令、呼吁、承诺、道歉、安慰、鼓励等言语行为，而且还能够借助口语来调节人际关系、提升语言生活品味、传承人类文明及文化等。

（一）口语的特点

口语具有时限性、短暂性、即兴性、形象性等特点。

1. 时限性

口语的时限性，指人们说话时往往要受到特定语境中的时间的限制，在规定时间内该说就得说，而且先说什么、后说什么要有一个大致的顺序，尽量要做到"想"和"说"的同步性，以保持话语的连贯性。一般说来，如果没有特殊情况或要求，中间是不能有长时间的停顿或间断的；否则，就会造成话语交际中的"冷场"现象。

2. 短暂性

口语的短暂性，是指发话人表达时语随口出，甚至来不及字斟句酌。人们说话时，只能一个字一个字地说，一句话一句话地讲。所有的语言符号在口语中都是按照时间的先后顺序依次出现的。语音这种稍纵即逝的特点，有时就会导致储存于人们头脑中的语言结构规则及语用规律在短时间内无法被有效提取，从而导致口语表达中语用失误的产生。

3. 即兴性

口语的即兴性,是指交际者要根据表达的需要随机应变,现场应对,适时调整话语。当人们处于特定的口语交际情境中时,交际者往往都是现想现说,边说边想。一方面,发话人要快速完成语言交际的编码和发送;另一方面,受话人也要通过一定的传播媒介,敏捷地接收发话人的话语,并进行解码。正所谓"心到则口到",既要想得快,又要说得准。

4. 形象性

口语的形象性,主要是与口语表达常常表现为近距离的、面对面的直接交流有关。人们说话时语音会有平仄、轻重、停连的变化,语调会有快慢、高低、抑扬的变化,这就使口语表达显得生动形象、亲切感人。

(二)口语的类型

口语在满足人们各种类型表达需求的过程中,会随着交际者的社会身份、具体的交际场景、不同的交际目的和交际工具等,产生不同的交际变体。通常,根据言语行为的活动范围和适用领域,口语可以分为一般口语和职业口语两种。

1. 一般口语

一般口语是为了满足日常生活领域的交际需要所形成的言语行为,如见面寒暄、讨价还价、家常闲聊、交换意见等。

一般口语的特点是:语调灵活多变;词语通俗易懂;句子结构简单,短句较多,有时会出现半截子话;语篇结构松散,存在不同程度的话题转移现象;等等。例如:

甲:老张,一大早干嘛去呀?

乙:哦,老王啊!家里来客人啦,得多买些菜回来做饭。

甲:是不是孙子放暑假回来看您了?

乙:哈哈,不光是孙子回来了,孙子的同学也跟着一块儿来家里玩儿啦!

甲:那可够您忙一阵子的!哎,您知道小李家闺女大学毕业了吧?

乙:啊,都大学毕业了!这时间过得挺快的!

甲：可不是嘛！哟，光顾着聊，时间不早了，您赶紧去菜市场吧！

乙：行！这两天买肉的人挺多的，晚了就买不到我孙子爱吃的排骨啦！

甲：哈哈，糖醋排骨可是您的拿手好菜啊！您赶紧去吧！

乙：好的！有空来家里吃糖醋排骨啊！

甲：好哇！您慢点儿，路上注意安全啊！

上例中，表示各种情感变化的语气词、叹词、儿化词、句调十分丰富，交际者所用词语具有基础性和通俗性，句子结构短小且常有句法成分省略现象，语篇多次出现了话题转移的现象。这就是比较典型的一般口语。

2. 职业口语

职业口语是为了适应特定职业活动的口语交际需要所形成的言语行为，如教师口语、公务员口语、医护人员口语、法律专业人员口语等。

职业口语往往具有"专业化"的特点，具体表现为：语气相对正式；词汇使用领域化；句子结构比较完整；语篇的衔接性和连贯性较强。这是因为：职业是人们在社会中所从事的作为主要生活来源的工作，职业口语是人们在从事职业活动中使用口语所形成的言语行为。人们只有掌握了一定的专业知识及技能，才能从事某种职业。所以，处于特定工作岗位的人员在进行口语表达时，就会使用适应其工作岗位语用需求的词语、句子、辞格、语篇等，以及由此所形成的相对稳定的风格基调。例如：

亲爱的同学们，一年四季总是以不同的姿态展现在我们的眼前：春天万物复苏、生机勃勃，夏天蝉鸣蛙叫、荷花芬芳，秋天百果生香、遍地金色，冬天雪花飘洒、银装素裹。从古至今，不知有多少文人墨客用自己手中的笔为我们留下了一篇篇描绘四季美景的佳作，抒发了他们亲近自然、热爱生活的情怀。

从今天开始，老师要带领同学们进入以"四季之美"为主题的学习活动。在活动中，同学们不仅要学习、朗读一组描写四季的文章，而且还要动手写一写自己眼中的四季美景。最后，每一位同学都要用心去朗读自己写的作文，并将作文录制成音频交给老师。老师会分批次将同学们的朗读音频分享到微信公众号上，让同学们的爸爸妈妈、亲朋好友都一起来感受我们对生活的热爱。

今天，我们学习的第一篇文章是朱自清的《春》，让我们一起跟随作者唱响春天的旋律吧！①

上例是一位教师在教学七年级语文朱自清《春》时所使用的导课语。教师的口语表达，紧紧围绕课程教学的单元目标及课时目标，运用清晰准确的语音、文雅规范的词汇、句法成分完整的句子、生动形象且韵律节奏鲜明的修辞手段、语义关联性和逻辑性较强的语篇结构等，形成了"言之有物，言之有序，言之有理"的教师口语风格基调，以及该教师作为口语表达个体所具有的生动形象、声情并茂、庄重典雅的风格特点。

尽管口语分为一般口语和职业口语两种类型，但二者之间并不存在本质的区别。一般口语和职业口语都是全民语言的功能变体，尽管它们在语音、词汇、语法及修辞格的运用、语篇的布局安排、语言风格的表现等方面各具特色，但这些特色都是对全民语言的具体运用，并没有自己独立的语音、词汇、语法系统；与此同时，一般口语和职业口语作为与书面语相对立的语言表现形式，二者也有一些共同的特点，如对语境的依赖性、句子结构的短小、常用体态语来辅助有声语言的表达等。

三、教师口语

教师口语是教师为了适应教育教学工作的口语交际需要所形成的言语行为及其结果，属于职业口语中的一种具体类型。

教师口语与教师语言不同。教师语言是教师在教育教学工作中所使用的语言，包括口语、书面语和体态语，而教师口语仅指教师完成教育教学工作所使用的口语和体态语。教师口语在教师的日常工作中使用频率最高，适用范围最广，

---

① 整理自："国家中小学智慧教育平台"《语文》（七年级·上册·统编版）课程教学视频《春（第一课时）》（https://www.zxx.edu.cn/syncClassroom/classActivity?activityId=155d8f84-a41e-490f-b992-778285151574，访问日期：2022年12月3日）。

是教师语言构成的核心内容。当然，作为一名合格的教师，不仅要精通教师口语，而且也要掌握教师书面语。教师在撰写教案、批改作业、评定学生操行、发表学术论文等过程中，都需要具有良好的文字表达能力。

（一）教师口语的特点

教师的口语表达与其话语角色定位具有十分密切的关系。话语角色与社会角色不同：社会角色是指交际者（包括交际双方或多方）在语言交际过程中所形成的彼此之间的社会关系，如教师和学生、医生和患者、服务员和顾客等；而话语角色则是指参与语言交际的任何一方与话语信息之间所形成的关联，即在语言交际过程中，谁主动发出了话语信息，谁在被动接收话语信息，或者是说话者仅仅是代表他人意志传递了特定的话语信息等。就此而言，话语角色通常可以划分为话语的生产者和话语的接收者两大类型。

从教育教学工作及相关活动的实际来看，教师的话语角色既可以是话语的生产者，也可以是话语的接收者，并由此形成了各有所侧重的教师口语特点。

1. 从话语生产者看教师口语的特点

从话语生产者的角度来看，教师口语具有规范性、准确性、严谨性。

（1）规范性

普通话是教师的职业语言，规范使用国家通用语言是教师完成教育教学工作的重要保障。普通话以北京语音为标准音，以北方话为基础方言，以典范的现代白话文著作为语法规范。因此，教师口语的规范性就具体表现为：语音清晰、准确、响亮，语调自然恰当；词汇直观形象，词语的附加意义较为正式；语法合乎逻辑，句法成分完整；等等。

（2）准确性

口语表达的准确性，是教师提升教育教学工作有效性的重要基础。在语言交际中，受话人的解码是以发话人的准确编码为前提的。因此，语义准确、符合逻辑的口语表达，不仅是教师传递知识信息、完成教学任务、实现思想品德教育的重要方式，而且在引导学生学习、启发学生思维、培养学生健全人格等方面也具有重要的作用。

值得注意的是，在现代汉语中，同义词的数量是比较丰富的。这就需要教师结合语境恰当选择和使用同义词，以便使自己的口语表达更加具体、细致，从而增强话语表达效果。

（3）严谨性

教师向学生所传递的话语信息，包括概念、原理、规律、结论等，都属于特定学科、专业的理论体系及实践范畴。因此，无论是课堂上的知识讲授，还是课后与学生的沟通交流，教师口语都应科学、周密、翔实，话语中既不能缺少必要的信息，也不能出现冗余的信息，更不能传递错误的信息。这就是教师口语的严谨性。

如果教师的口语表达违反了严谨性，就会出现脱离话题中心而东拉西扯的现象，或者语义不衔接、不连贯所导致的晦涩、啰唆等现象，这些都会影响教育教学工作的有效性。

2. 从话语接收者看教师口语的特点

从话语接收者的角度来看，教师口语具有互动性、灵活性、艺术性。

（1）互动性

在日常工作中，教师口语往往出现在教师与学生（包括学生个体和学生群体）、教师与非学生（既包括个体交际对象，如某一学生家长、某位学校领导等，又包括群体交际对象，如教师在研讨座谈活动中所面对的若干交际对象）之间的话语表达循环过程中，交际双方都需要在语言交际过程中交替进行编码、发送、传递、接收和解码，从而完成特定语境中的交际任务，形成某种形式的话语。因此，从某种意义上说，教师口语也可以视为一种对交际对象话语的回应，同时也期待自己的话语能够得到交际对象的回应，这就是教师口语的互动性。

教师口语的互动性，不仅表现在参与语言交际活动的交际者的积极性、主动性方面，而且还表现在参与语言交际活动的交际者的数量上。换言之，教师口语表达的互动性越强，话语表达的有效性就越高；尤其是在倡导自主、合作、探究的学习方式的课程教学背景下，互动性的教师口语更是师生之间真诚沟通、有效对话的重要保障。

（2）灵活性

教师口语的灵活性，指教师话语表达的角度与方式是多元化的，具有显著的变通性。在中小学教育教学工作中，教师的交际对象主要是儿童和青少年，他们正处于生理发育、心理发展的关键时期，其身心发展既有同一年龄段所普遍具有的共性规律，也有因个体因素所形成的特殊规律。这就要求教师在面对学生复杂多变的言语行为时，要能够根据学生的状况和特点，以镇定、从容的语用心理，选择恰当的话语内容和表达方式，运用得体的表达方法等，表达自己的观点、看法和情感，以适应学生的个性差异及其发展变化。

（3）艺术性

艺术性，是指教师在进行口语表达时，往往还伴随着复杂的思维、心理、认知、智力等活动。只有具备扎实的专业知识、饱满的职业热情、深厚的文化素养、熟练的表达技巧等，教师才能针对学生不同的年龄特征、心理需求、知识水平所形成的言语行为，以内容具有启迪性、形式具有审美性的话语表达同学生进行交流和沟通，让学生能够在教师面前敞开心扉，这样才能在语言交际中取得最佳的教育教学效果。

（二）教师口语的类型

根据不同交际场景、特定的交际任务和交际对象，教师口语通常可以分为语言性质的教师口语和非语言性质的教师口语两种类型。

1. 语言性质的教师口语

语言性质的教师口语，主要包括课堂教学口语、思想教育口语和教师交际口语三种类型。

课堂教学口语主要用于教师在课堂上对学生进行专业理论和基础知识的教学活动。按照课堂教学流程所涉及的主要环节，课堂教学口语一般可分为导课语、讲解语、提问语、结课语等类型。课堂教学口语应严格遵守国家通用语言规范，语音、词汇和语法不能出现错误；教师所讲的概念、原理、规则、结论等应符合课程所属学科专业知识体系，表达科学严谨，生动形象，富有启发性，符合学生的年龄特点和认知规律，能够激发学生的学习热情。

思想教育口语是教师在评价学生学习和行为时所使用的口语，包括沟通语、说服语、表扬语、批评语、激励语、启迪语等。思想教育口语的运用，应符合学校的德育、美育目标及要求；要立足具体的教育问题、教育对象和教育内容，以情感鲜明、说理透彻、持论公允的语言表达，对学生的言行规矩意识、思想道德养成、价值体系构建等形成直接影响。

教师交际口语指教师在与教育教学相关的其他工作中，同非学生交际对象（如学生家长、同事、领导或相关单位工作人员等）进行交流和沟通时所使用的口语。教师交际口语同样也受教师教书育人工作这一特定语境的制约，教师只有遵循诚信、礼貌、合作和角色原则，运用恰当的语速、文雅规范的词汇、表意明确的陈述句、逻辑关系多样的复句，以及完整的语篇结构等，才能实现与非学生交际对象顺畅交流、有效沟通的交际目的。

课堂教学口语、思想教育口语和教师交际口语，作为语言性质的教师口语，既有表达上的共性，如语音的标准性、词汇和语法的规范性、话题的相对集中性等，也有其自身的一些特点和规律。例如：课堂教学口语重视表达形式的规范性、话语内容的科学性和信息传递方式的有效性等，而思想教育口语则强调语言表达的艺术性、权威性和激励性，教师交际口语关注的则是交际双方话语角色定位的得体性、交际目的的达成度和交际任务的完成度。

2. 非语言性质的教师口语

非语言性质的教师口语，是指伴随教师有声语言交际所产生的具有特定意义的表情语、手势语、身姿语、空间语等体态语。

体态语的运用，既可以伴随教师的有声语言活动，以起到突出教师话语角色定位、强化教师所讲话语信息、增进师生之间情感交流等作用，也可以在特定的语境中直接代替有声语言，委婉含蓄地传递出某种特殊的思想情感，从而起到"此时无声胜有声"的功能和作用。

（三）教师口语的功能

从职业口语的角度看，语言对于教师而言，不仅是交流思想情感的工具、学科知识信息的载体，而且也是教师为适应教育教学工作语境的需求，完成知识传授、原理讲解、情操陶冶、态度养成，以及创造和谐工作环境等特定任务的重要工具和基本手段。

教师通过口语表达，能够向学生传授知识、讲解原理，使学生的潜能和创造性在教师的引导下得到充分激发；能够陶冶学生的情操，规范学生的言行，从而影响或改变学生原先的观念、情感和态度；能够与学生家长、学校同事及领导、相关单位工作人员等顺畅沟通，实现多渠道、多方位合力完成"教书育人"任务的目的。

1. 优化课堂教学

课堂教学，是指教师根据教学大纲所规定的教学任务，按照确定的教学计划，运用特定的教学方法，在规定时间内向学生进行集体教学的一种工作活动。通过课堂教学，学生不仅能够获得一定的知识和技能，而且还能获得身心的发展，养成良好的思想品德。因此，教师在课堂教学中，往往承担着引导、维持、促进学生学习行为及方式的重要任务。这就需要教师高度重视并积极构建有效的语言交际活动以培养学生的核心素养。

良好的口语表达能力，能够确保教师运用精练、生动、形象的语言向学生传授知识、讲解原理，有效激发学生的学习兴趣，培养学生丰富的想象力与创造力，使学生的认知和能力都能够在课堂教学活动中高效达到教学目标的要求。例如：在完成教学任务的过程中，深入浅出的教师口语能够给予学生充实的知识信息；完成教学任务后，循循善诱的教师口语能够引导学生富有创造性地学习；学生遇到疑难问题时，启发诱导的教师口语能够帮助学生突破学习难点；课堂氛围沉闷的时候，幽默诙谐的教师口语能够重新唤醒学生对课堂的关注度等。

2. 感染熏陶学生

教师面向学生进行的思想教育，从工作形态上看，主要表现为教师针对学生思想行为的特点及性质进行评判，以达到促进学生健康成长的教育目的。但就其工作内容而言，涉及的主要是学生科学反映客观世界的思想观念、认知能力的培养，正确的政治理想、政治信念、政治观点和政治情感的引导，崇高的道德认识、良好的道德情操、规范的道德行为习惯的养成等。

在思想教育工作中，饱含着对学生的关爱之情、激励之情、期待之情的教师口语，不仅能彰显教师渊博的知识修养，而且也是教师人格修养、人格魅力的具体反映。学生通过与教师的交流和沟通，往往会通过教师"和风细雨"般"润入心田"的话语，自然产生对教师的敬慕之心、钦佩之情，甚至还会在此基础之上生发出对课程学习的喜爱之情，以及由此逐步形成的求知欲、上进心和成就感。可以说，教师口语在感染熏陶学生、提高教育质量方面起着十分重要的作用。

3. 提高工作效率

教师交际口语是教师为了提高教育教学工作成效，面向非学生交际对象所使用的工作性交际口语。教师交际口语同样也是教师所需掌握的一种话语表达技巧，因为它既有教师口语的共性，也具有因交际目的、交际对象、交际场景等的不同所产生的个性，加之它往往出现在开放性较强的语境中，由此所展示出来的教师的文化素养、道德情操、人格魅力也会显得更加直观，传播影响力所涉及的范围也会更为广阔。

教师在与教育教学相关的工作中，明确的话语角色意识、真诚的话语交际态度、有的放矢的沟通技巧、得体的话语表达方式等，有助于实现话语交际双（多）方之间的相互理解、彼此支持和共同合作，并在此基础上促使交际双（多）方就教育教学的理念、方法、手段等达成共识，最终实现多渠道、多方位合力提升教育教学质量的共同目标。例如：与学生家长的沟通，要做到庄重得体，彰显教师的职业特点；与同事的交流，要做到彼此尊重、相互扶持等。

四、教师口语风格及其表现

教师在长期的教书育人工作中会逐步形成自己独特的教育教学风格，而这种风格的形成需要建立在教师口语这一物质载体的基础之上。通常，教师在使用口语时，往往会受到个人的思想作风、工作经历、生活阅历、语言修养等因素的影响，在长期的教育教学工作中逐步形成一种相对稳定的语用特点综合体系。这种语用特点综合体系，反映在不同的教师身上，就呈现为教师口语的表现风格。

（一）从语体的角度看教师口语风格

1. 语体及其类型[①]

语体是在运用全民语言时，为适应特定语境需要而形成的语言运用特点的体系。语体的产生源于人们在特定语境中所形成的言语活动。随着时代的发展，由交际领域、交际目的、交际任务、交际对象等大体相同的语境因素所构成的特定交际领域，也在特定社会的政治、经济、文化、生活等因素的变化中，逐渐以一种类型化的方式得以定型。例如：人们在日常生活中常见于家庭、公园、餐厅、商场等交际领域中的寒暄闲聊，其口语表达就往往表现为一种轻松、自然、随意的交际活动；而出现在课堂教学、法庭辩论、商业谈判、记者采访等交际领域中的口语表达，则体现为一种语气正式、词句规范、话题集中等的交际活动。

这种在语言交际中以类型化的方式所呈现出来的交际领域，往往制约着人们对语言要素、非语言要素的选择和使用。语言要素是语言结构系统内的语音、词汇、语法等因素；非语言要素是语言结构系统外的篇章结构、符号、表格、公式、体态语等因素。于是，这些受到语境类型的影响而产生语言功能分化的语言要素和非语言要素，便在人们高频或低频使用的过程中呈现出了特定的语言运用特点及其风格基调。这就是语体。

根据语体形成的语境类型、语言要素和非语言要素，现代汉语语体首先可以分为谈话语体和书卷语体两大基本语体类型：

谈话语体是人们为了适应日常生活交际需要而形成的语言运用特点体系，具有平易自然、生动活泼的风格基调。谈话语体内部可继续划分出随意谈话体和专题谈话体两种类型，随意谈话体是谈话语体的典型表现形式。

书卷语体是人们为了适应社会群体活动交际需要而形成的语言运用特点体系，具有严密规范、庄重典雅的风格基调。书卷语体内部可继续划分出文艺语体和实用语体两类；其中，文艺语体又可分为诗歌体、散文体、对白体等，实用语体又可分为政论语体、科学语体、事务语体、报道语体等。

[①] 周芸、邓瑶、周春林主编（2011）《现代汉语导论》，北京：北京大学出版社，274—276页。

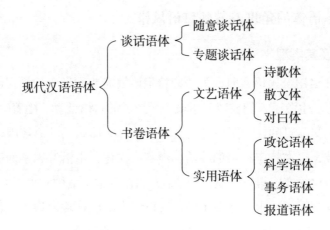

2. 作为专题谈话体的教师口语

教师口语属于专题谈话体，其交际目的明确，话语信息量充实，一般都是通过近距离、面对面的交际方式形成相应的言语行为，并对话语表达效果具有一定的要求；而教师口语风格也就在此过程中形成了可感性、整体性和独特性的属性和特点。

教师口语风格的可感性，是指教师口语风格具有物质性，是由特定的语言风格要素、非语言风格要素表现出来的。语言风格要素是语言结构系统内具有特定风格色彩的语音、词汇、语法、语用等因素；非语言风格要素是语言结构系统外的具有特定风格色彩的篇章结构、符号、表格、公式、体态语等因素。语言风格要素和非语言风格要素是形成教师口语风格的物质基础；也正是因为有了这一物质基础，人们才可以对教师口语风格加以认识和分析。例如：

一位初二的政治老师，在讲授"生活理想"一节内容时，涉及了爱情、婚姻、家庭等问题，便针对个别学生出现的"早恋"现象，讲道："今年秋末冬初，我家阳台的花盆中，不知谁无意丢下一粒西瓜籽。不几天，我惊奇地发现，花盆里竟然长出了嫩芽，而且一天一天地长高，变成了藤并开出了一朵朵小小的果花。过了不久，花谢了，居然也结出了苹果般大小的西瓜。可惜没过几天，霜冻就来了，叶落尽了，小西瓜也长不大了。我这才明白：不该开花的时候开花，不该结果的时候结果，是要受到自然生长规律的惩罚的。今天，发生在同学们中的一些事情又引起了我的思索，你们是否也从中得到了一些启迪呢？"①

上例中，教师通过生活化的话语信息、语义浅显的话语形式和耐人寻味的设问、化抽象为具体的比喻等修辞方式，形成了委婉含蓄、耐人寻味的口语表达风格。

教师口语风格的整体性，是指教师口语风格是教师综合运用各类语言表达手段、各种风格要素所形成的体系，使用零碎的、个别的、单一的语言表达手段或风格要素，是不可能形成特定的语言风格的。换言之，教师口语风格是教师在长期的教育教学工作中综合运用语言风格要素和非语言风格要素的结果，是以语言风格要素和非语言风格要素的综合运用所形成的表达格调和气派为物质体现的。例如：

同学们，我们在小学的数学课上已经认识了各种各样的数。数的产生和发展，离不开人类生产和生活的需要。那么，现在就让我们一起来回顾一下数的发展历程吧。

早在远古时期，人类就在生产中遇到了计数的需求，比如说，狩猎归来后，要怎样去表示当天所收获的一只兔子、两只山羊。（课件呈现教学图片）后来呀，随着人们对计数排序的需求，就产生了像1、2、3、4、5这样的整数。（课件呈现教学图片）当人们用完一个物品或者某个物品没有的时候，就产生了数字0。（课件呈现教学图片）当人们需要对一个物品进行分配或者测量的时候，又产生了像$\frac{1}{2}$、$\frac{1}{3}$、$\frac{1}{4}$这样的分数。（课件呈现教学图片）

这些数字啊，都是同学们在小学阶段学习过的。老师想问问大家：咱们在小学学习过的这些数够用了吗？它们能满足我们日常生活、工作中的计数需求吗？（课件呈现教学图片）（学生讨论并举手发言）

好，听了大家的发言，老师发现，同学们已经认识到了小学所学数学知识

---

① 王桂波、赵海宝主编（2014）《教师语言》，北京：高等教育出版社，268页。

的有限性，现在就请同学们跟随老师一起来探索初中数学之旅的奥秘吧！①

上例是一位教师在教学七年级数学时所说的话语。从语言风格要素方面看，教师的口语表达，使用了语义清晰明了的双音节词，所用词语的语义通俗易懂，句子结构短小精悍，表达陈述、疑问、感叹等语气的句类丰富多样，其中还使用了化抽象为具体的比喻"数学之旅"等辞格。从非语言风格要素方面看，教师则根据课程教学需要，通过课件向学生呈现了直观、生动的有关"数""计数"的教学图片。这些具体的风格要素整合在一起，便构成了教师质朴亲切、言简意明的口语表达格调和气派。

教师口语风格的独特性，是指教师口语风格是专题谈话体在教育教学工作语境中的一种个性表现，它既有专题谈话体的共性风格基调，即"言之有物，言之有序，言之有理"的教师口语风格基调，也有教师自身在教育教学语境中的个性风格特征，即因年龄、性别、性格、课程科目、教学对象等因素不同，教师口语风格的具体表现也是互不雷同的，并非千篇一律、一成不变的模式。

需要说明的是，教师口语的个性风格特征，是一种受自身思想作风、生活经历、语言修养等因素制约而形成的个人在口语表达上所特有的作风和气派，也是教师个人使用语言成熟度的标志，需要以教师在一个较长的教育教学实践过程中所惯用的选词、造句和特有的表达手段、修辞方式等特点为物质体现，具有相对的稳定性。例如：

王老师第一次走进这个班，学生们都用异样的眼光望着他。这时，王老师用眼睛的余光扫了一眼黑板，只见上面有三个醒目的大字："请出去！"王老师用温和的目光望着每一个学生，然后做了下面的讲话："我非常高兴同学们还记得今天是我们班换班主任的第一天，还记得这一节课是我来给大家上。我接受同学们的建议，但是在采纳这个建议之前，我想谈谈我走进这个班的感受和对

---

① 整理自："国家中小学智慧教育平台"《数学》（七年级·上册·人教版）课程教学视频《正数与负数（一）》（https://www.zxx.edu.cn/syncClassroom/classActivity?activityId=ce5c36d7-c7d9-451f-b5fc-50600c2b1fda，访问日期：2022年12月2日）。

你们的印象。如果你们同意就不用说话，如果不同意就可以说'不'。（沉默片刻）那么，同学们是同意了。感谢你们给我这个机会。我很高兴同学们今天给我的见面礼，它说明两个问题。一是它说明你们是一群知情重义的学生。你们的老班主任因工作需要走了，你们爱戴他，不希望他离开，更不希望别人取代他的位置。这一点让我感到心里非常踏实，因为一个懂得爱的集体就是最有希望的集体。二是它说明你们懂得尊重。你们没有采用起哄的方法把老师赶出去，而是彬彬有礼地写了几个字。这一点让我感到温暖，因为一个懂得尊重的集体，就是最值得爱的集体。就因为这两点原因，我要对大家说：你们可以暂时不爱我，但从此时此刻开始，我已经决定我要用全部的感情去爱你们。爱你们的优点，也爱你们的不足。"[1]

这是一段严谨、庄重而又不失温情的话语，教师以稳重、大方、得体的话语表达巧妙地"征服"了这批不欢迎自己的学生，充分彰显了教师在长期的教育教学工作中所形成的话语表达经验和智慧，以及由此所形成的与众不同的个人语言风格。

（二）从个体的角度看教师口语风格

从教师作为具体的语用主体的角度来看，不同的教师，其口语风格虽然各不相同，但其中也有一些大致的规律可循。这种从不同的教师口语表达中概括出来的语言风貌和格调，就是教师口语表达的表现风格。通常，教师口语风格主要表现为华美和平实、明快和含蓄、庄重和幽默、繁丰和简洁、豪放和细腻等具有对应关系的五组表现风格。[2]

1. 华美和平实

华美的表现风格，多用描绘性和情感性较强的形容词、副词等词类，定语、状语、补语等修饰性的句法成分较多，比喻、比拟、夸张等形象化

---

[1] 陈利平、王仲杰、范希运、章跃一（2005）《新课程背景下的教师课堂语言》，北京：高等教育出版社，10页。
[2] 骆小所（2000）《现代修辞学》（修订版），昆明：云南人民出版社，358—362页。

修辞格的使用频率较高，话语表达往往显得挥洒自如、生动感人、格调精美。例如：

  同学们，在植物世界这个幸福的大家族中，快乐地生活着数以万计的家族成员。有我们熟悉的"树中伟丈夫"白杨、"奶油小生"银杏、"冬日骄子"塔松、"粉尘过滤器"榆树；还有我们喜欢的花中的"富贵公主"牡丹、"花中仙子"芙蓉、"爱情之神"玫瑰、"花中皇后"月季；更有不曾和我们见面，但却快乐地和我们一起生活在大自然中的"食肉之尊"猪笼草、"世界油王"油棕、"英雄之树"木棉、"果中之王"荔枝等。今天，我们就走进这个奇妙的快乐的植物大家族，对这个家族中的几位老朋友和新朋友做一个45分钟的访谈。①

  上例是一位教师在讲授科学课《奇妙的植物世界》一课时所说的话。教师通过比喻、比拟、排比等修辞格，对植物世界这个"快乐大家族"及其具体成员进行了细致的描绘，而学生也在教师对植物世界及其成员的淋漓尽致、个性鲜明的话语描述中，自然地生发出了学习课程内容的强烈期盼。
  平实的表现风格，则很少使用形容词、副词等倾向性较强的词类，句法成分结构脉络清晰，较少使用比喻、比拟、夸张等艺术性较强的修辞格，强调客观、冷静地叙述和具有逻辑性地说明事物。例如，一位成绩一般的学生主动向班主任老师申请，由自己带领班主任老师去进行家访。结果，班主任老师发现，无论他们走到哪里，都有这位学生认识的人，而且这名学生还会主动跟人打招呼，非常热情。班主任老师见此情景，不由得暗暗赞叹，便跟这位学生说道：

  今天你辛苦了，带老师去了好几个同学家，谢谢你哦。今天老师还发现，你懂文明，有礼貌，能主动跟人打招呼，你人缘很好啊！如果在学习上，你也

---

① 陈利平、王仲杰、范希运、章跃一（2005）《新课程背景下的教师课堂语言》，北京：高等教育出版社，6页。

能这样更加积极、主动，更加用心，老师相信你一定会有更大进步。①

这位班主任老师观察到学生的优点后，及时给予了他肯定性的评价，并由此转向促进学生进步的方法和技巧的指导上，情真意切、充满期待的口吻引发了该生对自己学习行为管理的有效思考。教师的口语表达平易质朴、厚实大方、清楚明白，属于平实的表现风格。

2. 明快和含蓄

明快，就是直言其事，直接议论，给人以明朗、舒畅、清晰的感觉。需要注意的是，明快不等于直白肤浅，而是在明快中显示出深刻的话语信息、具有文采的话语形式，能够将抽象、深奥的道理讲得清楚、明白。例如：

同学们好！今天我们要一起学习的课题是《中国境内的早期人类代表——北京人》。这节课的学习内容主要包括三部分：一是我国境内的早期人类，二是北京人，三是山顶洞人。通过学习，同学们需要了解北京人的特征，理解北京人发现的意义，知道化石是研究人类起源的主要证据。

这是一位教师在七年级历史课《中国境内的早期人类代表——北京人》上所使用的导课语。教师的话语表达开门见山，直奔主题，显得逻辑清晰、语义明了。这就是明快的表现风格。

含蓄，就是通过委婉、深沉、曲折的话语表达方式，将思想观点和情感内涵表达得耐人回味、言有尽而意无穷。当然，含蓄不等于晦涩难懂，而是强调将明确的话语信息蕴含于特定的话语表达形式中，多用比喻、婉曲、双关、反语等有助于营造意境的修辞格，令人回味无穷，如教师批评语经典案例"'一支钢笔'的故事"：

一次下课，一个女同学来向我诉说，她的一支钢笔没了，还告诉我，听教

---

① 王桂波、赵海宝主编（2014）《教师语言》，北京：高等教育出版社，173页。

室里的其他同学说，是她的同桌拿的。我说，在事情没弄清楚以前，别在同学面前乱说，老师会调查的。她走后，我思索了片刻，当时没有采取任何行动。到了中午，我把那个男生叫出了教室，没有责难他，也没有声色俱厉地批评他，而是递给他我掏钱买的一支钢笔："我知道你需要钢笔，这支钢笔送给你。我也知道人家的东西你肯定不会要，趁别人不注意，你一定会送回去的。"到了下午放学时，那位女生又跑来告诉我说："老师，钢笔我找到了，放在课桌角落里了。"我笑了笑，我知道这其中的奥妙。[①]

案例中的教师，巧妙地设计了与学生交流和沟通的语境，将正确的学生行为规范蕴藏于委婉含蓄的话语表达方式中，在语用过程中遵循了"面子原则"，既批评教育了拿走同桌钢笔的学生，也有效地化解了同桌之间的矛盾。这就是含蓄的口语表现风格。

3. 庄重和幽默

庄重这一表现风格，往往用于表达重大或严肃的话题，对话语建构的逻辑性要求较高，通常使用风格色彩较为庄严、严肃的词语，多用学科专业术语，句法成分完整且规范有序，很少使用双关、反语等修辞格。教师口语风格的庄重性，往往与其所承担的课程所属的学科专业有关。在中小学校，任何一门课程都有其各自不同的学科领域和专业体系，都会涉及使用该学科专业所特有的术语、定义和公式等，这就要求教师在教书育人的工作中要规范使用语言，使自己的口语表达具有学科专业的特点。例如：科学老师不能将"头"说成"脑袋"，化学老师不能将"氯化氢"说成"盐酸"，生物老师不能将"心脏"说成"心"，道德与法治老师不能将"货币"说成"钱"，等等。此外，教师口语风格的庄重性，还同教师所面对的教育内容、教育对象、教育目的等问题密切相关。

幽默的表现风格多用轻松、活泼的语调，反语、双关、夸张等修辞格的使用频率较高，词语的语义、风格色彩有时会故意与语境形成一定的"落差"或"不协调"现象，从而形成诙谐、风趣、生动的表达效果。例如：

[①] 王桂波、赵海宝主编（2014）《教师语言》，北京：高等教育出版社，177页。

一天，语文老师正在聚精会神地给同学们讲解宋代诗人叶绍翁的诗作《游园不值》。突然，一名迟到的学生"砰"的一声推门而入，径直走到座位处坐下。老师对此并未予以理会，而是继续就《游园不值》中的诗句提问其他学生："同学们，诗人拜访朋友时'小扣柴扉久不开'，这里为什么要用'小扣'，而不是用'猛扣'呢？"一名学生举手回答道："因为诗人有教养、懂礼貌啊。"老师微笑着点点头，示意学生坐下，随即转过头来注视着迟到的学生，轻声地问道："同学，你觉得他回答得对吗？"①

尽管《游园不值》中诗人所用的"小扣"一词，并不能简单地用"教养""礼貌"等来进行理解，但这位老师结合特定的语境，将其作为教育学生的契机，既巧妙地批评了迟到的学生，又活跃了当时的课堂气氛，从而形成了幽默诙谐、耐人回味的风格色彩。

4. 繁丰和简洁

繁丰和简洁是一组对立的表现风格。

繁丰，多用词形较长的词语，句子字数较多且句法成分复杂，反复、排比、层递、设问等修辞格的使用频率较高，学生听后会感到具体翔实、细节清晰。例如：一位地理老师在讲授极光时，将其比喻为"一条横卧高空的变色龙"，"最初像是彩虹，一会儿变成紫红色，一会儿又变成淡蓝色，变成浅绿色。极光的形态很诱人，有的似帷幕下垂，有的像火焰跳动，有的似彩练腾空，有的如轻纱淡抹……千姿百态，变幻莫测"；在讲授水循环时，引用了李白的诗句"黄河之水天上来，奔流到海不复回"；在描述西北地区气温日较差大时，使用了"早穿皮袄午穿纱，围着火炉吃西瓜"的谚语；在说明山地垂直地带性时，则引用了白居易的诗句"人间四月芳菲尽，山寺桃花始盛开"等。② 教师通过充满诗情画意、富有细节感染性的语言描述，唤起了学生丰富的联想和想象，使其置身于不同地理现象所带来的神奇与美妙当中，令学生心驰神往、兴趣盎然。这

---

① 整理自：宋扬、吕明臣（2016）信息传递中教学言语交际话语形式选择原则研究，《图书馆学研究》第17期，100页。
② 王桂波、赵海宝主编（2014）《教师语言》，北京：高等教育出版社，270页。

就是教师运用繁丰的表现风格所带来的良好教学效果。

简洁，则多用词形较短的词语，字数较少且句法成分结构简单的短句出现频率较高，常用比拟、跳脱、转品等修辞格和白描手法，言简意赅，没有冗余的话语信息和累赘的话语表达形式。例如，一位教师在教学七年级体育与健康课程时，是这样说的：

今天我们学习了"坚固的健康三角形"，同学们对健康有了明确的认识，那么，大家今后在平时的学习和生活中就要学会关注自己的身体健康，也要注意心理调节，同时还不断提高社会适应能力，使自己成为身心健康、全面发展的人。

本节课的课后作业是：第一，以"坚固的健康三角形"为主题，设计一期班级板报；第二，为你的朋友或家人进行健康诊断。同学们，快快行动起来吧！[1]

教师在结束课程学习时，言简意赅地总结了课程学习的主要内容，条理清晰地布置和说明了课后作业。这种简洁的教师口语表现风格，听起来都是一些普普通通的词句，说的都是明明白白的内容，但切中肯綮，能够使学生在最短的时间内获得对课程学习目标及内容的清晰、明确的认知。

5. 豪放和细腻

具有豪放表现风格的教师，在口语表达中往往呈现出以下特点：语调高昂，声音响亮；句式整齐有力，多由排比、层递、对偶等辞格构成，显得气势磅礴，境界开阔；比喻、比拟、夸张等修辞格的使用频率比较高。而细腻的表现风格，则主要表现为话语表达韵律节奏舒缓、细腻，话语内容多关注细节的描绘，思想感情的表达显得比较深沉。例如：

① 中华大美山河，千姿百态，气象万千。这里，每一座山峰雄奇险峻；这

---

[1] 整理自："国家中小学智慧教育平台"《体育与健康》（七年级·华东师大版）课程教学视频《坚固的健康三角形》（https://www.zxx.edu.cn/syncClassroom/classActivity?activityId=d1a57533-9b85-11ec-92ef-246e9675e50c，访问日期：2022年10月25日）。

里，每一条河流缠绵娟秀。优美秀丽的江南风光，雄伟豪放的北国山川，祖国的东西南北，处处有着迷人的景象。同学们，你们能告诉老师，你去过哪些地方吗？（学生回答）同学们去过的地方可真多呀！祖国的大美山河，有奔腾的江河，宁静的山村，祖国的每一寸土地都是那样地令人向往。江山如此多娇，引无数英雄竞折腰！接下来，就让我们一起走近作家笔下的祖国山河，感受它们的壮美吧！①

② 老师多么希望你学习能像画画一样专心，成绩也像画画一样出色，对待课后作业也像对待值日一样认真。如果你能做到，那么老师和你的父母将多么高兴啊！

例①是一位教师在教学三年级语文"江山如此多娇"单元的导课语，话语表达均衡对称，话语信息意境开阔，话语感情激越铿锵，属于豪放的表现风格。例②是教师在指出学生的不足时所说的话，听起来含而不露、耐人寻味，对于启发学生、促使学生认识并改正自己的不足，很有帮助。这就是细腻表现风格的功能与作用。

值得注意的是，华美和平实、明快和含蓄、庄重和幽默、繁丰和简洁、豪放和细腻等教师口语风格，虽然各有其语用特色，但在具体的话语表达实践中应注意适度的问题。例如：华美、繁丰的教师口语表现风格，也不能一味地追求形容词、副词和定语、状语、补语等描写性较强的表达手段和表达方式；否则，就会导致言辞过于花哨。又如：平实、简洁的教师口语表现风格，也不能将其单纯地理解为平铺直叙、不讲究辞藻；否则，就有可能导致教师口语表达变得死板、乏味，甚至是粗疏、草率。即使是同一位教师，在不同的教育教学环境中，也会因为不同的交际对象、交际目标、交际任务等语境因素，而在课堂教学、思想教育、工作交际等具体情境中适当调整表达手段和表达方式，从而形成不同的口语表现风格。例如：课堂教学口语倾向于语音清晰标准、词汇准确恰当、语法逻辑严密、修辞新鲜生

---

① 整理自：中国教育网络电视台"名师课堂"三年级语文《江山如此多娇》教学视频（http://www.centv.cn/p/377642.html，访问日期：2022年10月21日）。

动、语篇首尾呼应的平实、明快风格；思想教育口语则倾向于语音娓娓动听、词汇通俗易懂、语法灵活多变、修辞耐人寻味、语篇中心明确的含蓄、细腻风格等。

（三）教师口语风格的培养

教师口语风格，是教师在长期的教育教学工作中所形成的具有可感性、整体性和独特性的语用特点综合体系。它是教师立足于自身的业务素养、理论水平、教学技能、思维方式、言行习惯等因素，在长期的教书育人生涯中经由刻苦磨炼而逐步形成的。就此而言，教师口语风格是教师话语表达成熟的重要标志，也是彰显教师个性风采的重要形式。

教师口语风格的培养，可以从师德践行能力、理论知识素养和语言运用能力等方面进行。

1. 良好的师德践行能力

师德践行能力，是教师口语表达的语用目的，也是评判教师口语表达质量的重要指标。

教师的师德践行能力，主要包括对中国特色社会主义的思想认同、政治认同、理论认同和情感认同，能够在教书育人实践中自觉践行社会主义核心价值观；树立职业理想，立志成为有理想信念、有道德情操、有扎实学识、有仁爱之心的好老师。同时，应具有家国情怀，热爱教育事业，认同教师工作的价值在于传播知识、传播思想、传播真理、塑造灵魂、塑造生命、塑造新人，认同教师是学生学习的促进者与学生成长的引路人；具有健全的人格和积极向上的精神，有较强的情绪调节与自控能力，懂得在教育教学工作中积极应变，比较合理地处理问题，并主动创造条件帮助学生自主发展。

因此，成熟的教师口语表达及教师口语风格的培养，就需要在深刻理解教师职业道德规范内涵与要求的基础上，不断强化依法执教的言语行为意识，以尊重学生人格和学习发展的权利以及保护学生学习的自主性、独立性和选择性为自身言语行为的出发点，切实做到语言运用规范健康，言行举止文明得体，仪表服饰整洁大方，使自己成为学生锤炼品格、学习知识、创新思维、奉献祖国的引路人，让教书育人工作在以热爱为本色的教师口语风格中彰显出春风化雨、润物无声的独特魅力。

2. 扎实的理论知识素养

扎实的专业理论修养，是教师口语风格形成的基础和保障。合格的人民教师，应掌握一定的自然和人文社会科学知识，能够传承和弘扬中华优秀传统文化，具有严谨的科学精神、深厚的人文底蕴和良好的审美能力。

教书育人是一项复杂的系统性工程，不同的教师和学生，不同的课程和内容，不同的教学设计，在现实的教育教学过程中，都会导致教育教学工作呈现出形态各异的动态发展过程。当前，我国的义务教育主要是在坚定理想信念、厚植爱国主义情怀、加强品德修养、增长知识见识、培养奋斗精神、增强综合素质上下功夫，目的是使学生有理想、有本领、有担当，切实培养好德智体美劳全面发展的社会主义建设者和接班人。因此，教师只有系统掌握教育理论的基本知识，以及所任教学科的基础知识、基本理论、体系结构与思想方法，才能遵循教育教学规律，以严谨的科学精神，在课堂教学中畅所欲言，在思想教育中游刃有余；否则，教师就只能枯燥乏味地照本宣科，或者是干巴巴地对学生进行说教了。

除了系统掌握教育理论和学科专业知识外，教师还需要通过博览群书来提升自己的人文底蕴和审美能力。多读书，读好书，才能以深厚的人文素养、高质量的审美能力积淀起丰富的语言材料，并由此塑造个性鲜明的口语风格。稳定的教师口语风格，能帮助教师将最新的教学理念和教改动态巧妙地融入教育教学工作中，从而将课程内容讲深讲透，影响学生的世界观、人生观和价值观。一位文化功底浅薄、教学方法单一、语言匮乏的教师，是很难形成个人独具特色的语言风格的。

3. 精湛的语言运用能力

精湛的语言运用能力，包括教师所使用语言的语音、词汇、语法等方面的规范性，以及语用方面的得体性。它能使教师口语的表达效果显得更加丰富和饱满，是教师口语风格形成的重要物质基础。

首先，教师应严格遵守国家通用语言规范，保证教育教学口语交际的畅通，不断增强教师推广普及国家通用语言的影响力。具体而言：语音方面，应以北京语音为标准音；词汇方面，应以北方话为基础方言；语法方面，应以典范的现代白话文著作为语法规范。其次，教师口语表达总是处于特定的语境中，面对特定的交际对象，因此，教师要关注自身语用态度的真诚性与和蔼度、话语内容的真实性与有效性、表达方式的可理解性和可接受度、话语形式的创造性和独特性等，以确保话语交际活动的顺利完成。反之，如果教师在口语表达中缺乏明确的规范意识，仅凭自己的习惯、爱好进行口语表达，就会影响日常工作中交际活动的正常进行，严重的还会导致教师口语的功能无法发挥。只有遵循统一的规范，恰当地运用语言，才能使教师口语更好地传递信息、交流思想、沟通情感。

值得注意的是，精湛的语言运用能力，需要教师在长期的教育教学工作实践中进行磨炼。没有经过教育教学实践磨炼的所谓"语言运用能力"，其实都是纸上谈兵。教师口语风格培养的最终目标是指向教育教学价值的，教师语言运用能力的提升不能简单地停留在语言符号及其结构规则的层面上，而是还要关注学习语言的过程中对恒心、耐心、同理心、理解力、沟通能力和合作能力等人文素养的培养。只有将语言运用能力提升的过程融入日常的教书育人工作中，融入立德树人的过程中，才能使教师口语风格适应新时期对教师职业语言提出的更高的标准和要求。

总之，教师口语风格的培养，有助于提升教师在专业成长道路上的主观能动性。这种主观能动性，根植于教师与学生及其家长、同事、领导以及其他相关工作人员之间的专业交流当中，是教师在具体的教育教学工作中认同和构建自己的专业身份的重要保障，也是教师改变自身工作状态及工作环境的积极力量。

第二节 教师口语基础训练

■ 训练目标及要求

1. 掌握教师口语的相关理论和基础知识，完成教师口语基础训练，培养运用所学理论分析教师口语问题及现象的能力，为规范、准确、得体地运用教师口语奠定基础。

2. 适时参加课堂观摩活动，揣摩教师口语表达所应具备的基本功。同时，适当阅读和学习一些与本章学习内容相关的文献资料，为教师口语基础训练提供理论指导。

3. 教师口语表达是在语言交际的"编码—发送—传递—接收—解码"五个阶段中完成的。在这个过程中，教师不仅需要调动发音器官动作来完成口语的发音，而且期间还伴随着复杂的心理、思维等活动。训练教师口语表达的发声技能、心理素质、思维方式、倾听能力等基本功，有助于为教师口语表达水平的提高奠定基础。

（1）从语音方面看，教师的口语表达应做到清晰、准确和流畅。清晰，指吐字清楚，容易被话语交际对象所辨识。准确，指发音符合普通话的语音规范。流畅，指字音之间的连接无生硬、呆板、机械之感。通过科学的口腔控制、吐字归音、呼吸方式、发声方式、共鸣调节等发声训练，能够解决教师口语表达中字音含混不清、声音松散无力等问题，让教师口语表达中的字音显得清晰、响亮和圆润。

（2）教师应具备从容自然、流畅得体的讲说能力。在教育教学工作中，如果认知能力、情感情绪、动机和目的发生偏差，就会出现口语表达障碍，如口语节奏、音量的失控，越说越快，或声音越来越小，甚至嗓音嘶哑；无法正确运用停顿、重音、语调等表达技巧，话语平淡乏味；不能镇定自若地面对交际对象，眼神游移，或思路不畅，语无伦次；等等。了解造成语用心理障碍的表现及原因，可以对症下药，进行有针对性的训练。

（3）思维是语言的内容，语言是思维的表现形式。教师口语，有的属于依托于文字的口语表达，如基于教案、讲稿所形成的课堂教学口语；有的则属于即兴发挥的口语表达，如处理班级突发事件中随机生成的思想教育口语。但不管是哪种类型，教师口语中语流的松紧疏密、高低起伏等变化，都与不同类型的思维方式密切相关。只有不断提高思维的逻辑性、深刻性、敏捷性、灵活性、创造性，教师口语表达才能发挥其功能。

（4）口语表达总是处于交际双方对话性的交际过程中的。教师要实现特定的交际目的，完成特定的交际任务，就需要具备灵敏的听觉吸收能力和话语表达协调能力。对于兼具话语生产者和接收者这两种话语角色的教师来说，无论是"说"还是"听"，教师口语表达都是在话语信息的输出与输入过程中进行的。只有掌握话语预测、感知与记忆、理解与组织、反应与评价等倾听能力，语言交际才能有效进行。

一、口语表达中的发声训练

（一）训练提示

1. 口腔控制训练

（1）扩大口腔空间

口腔状态同上腭、唇舌、下巴等器官的运动状态有很大的关系。调整口腔状态，提高发音质量，可以从"提颧肌、打牙关、挺软腭、松下巴"四个方面进行。

提颧肌：说话的过程中，以颧肌为主，保持口面部肌肉的适度紧张。当颧肌"提起"时，口腔前部和上腭顶部有展宽的感觉，鼻孔也会有略微扩张的感觉，同时唇尤其是上唇展开贴住上齿，能够有效增强唇齿的力度，改善发音状态，使声音显得比较明亮。

打牙关：说话时，可以适当增加下颌开度，特别是注意打开口腔的后部，同时下巴放松略微向后退，上下槽牙之间保持一定距离地打开、闭拢。"打牙关"

能够扩大口腔后部的容积，为舌头活动提供更为充足的空间，也有利于形成口腔共鸣。

挺软腭：在发声的过程中，软腭适度抬起，并保持适度紧张的状态，可以达到扩大口腔容积、改善口腔共鸣状态的目的，让声音更加清晰。"挺软腭"的时候，注意软腭不要抬起过高、动作过大，否则会导致声音听起来比较靠后，显得不自然。

松下巴：就是主动放松下颌骨，让喉头也得到相应的放松，从而减轻喉部的发音负担，能够让发声的时间更加持久。

（2）集中唇舌力量

口语表达中发声的力量，主要集中在声母发音时所使用的唇舌上。例如：发双唇音、唇齿音等声母的字词时，可以将发音的力量集中到唇的中部。此外，还可以让唇齿适当接近，减少双唇松弛所导致的唇腔气息的"湍流"，让声音显得比较干净。

舌的力量的集中，主要表现为发音时要将力量集中在舌的前后中纵线上，同时发音器官的成阻部位要呈点状接触，以确保字音不松散。

2. 吐字归音训练

（1）字头有力

字头有力，是指声母发音时形成阻碍部分的肌肉要保持适当的紧张度，并注意与后面韵母起头元音唇形的配合度，随后轻快、有力地发出整个字音。

（2）字腹饱满

字腹饱满，是指在发韵母中的主要元音时，口腔的开口度要到位，舌位动程要完整，音长要足，共鸣要充分。同时，应注意避免出现口型横向用力之感，不要过分拉长韵母中主要元音的发音，否则会导致字音不饱满或拖腔、唱调等现象。

（3）字尾归音

发声时，由于字尾处于口腔由开到闭、肌肉由紧到松的阶段，因而字尾归音应注意到位弱收，即字词的尾音伴随着口腔逐渐闭合的过程趋向明确地归到其所属的舌位上，尾音无需刻意拖长，到位后略有延续即可停止，以免声音听起来僵硬呆板或松散无力。

3. 呼吸方式训练

（1）胸腹式联合呼吸

胸腹式联合呼吸，是膈肌升降和胸廓扩张、收缩相结合的呼吸方式。这种呼吸方式，通过建立胸、膈、腹之间的关系，能从前后、左右、上下扩大胸腔的容积，具有吸气量大、气息稳健感强、音色坚实和响亮的特点，适合长时间稳定、持久的发音。

胸腹式联合呼吸的步骤及要求如下：第一，小腹略收缩，保持稳定，准备吸气。第二，口鼻同时进气。第三，膈肌下降（腹式呼吸的动作），胸廓张开（胸式呼吸的动作），肋下两侧扩张（气息吸满的标志）。第四，准备呼气，小腹收缩，膈肌及其他吸气肌肉群不放松；在力量对抗中，膈肌有控制地上升。第五，气流有控制地呼出，推动发音器官发声。

（2）换气

换气，不仅是口语表达的生理需求，而且也是保证话语持续进行的重要手段。换气的方式主要有正常换气、偷气和抢气。

正常换气，是指根据思想情感表达的需要进行的换气，通常以一个完整的意思为单位，可以是标点符号，也可以是句子，甚至是句群。

偷气，是口语表达中以短暂的顿挫来无声补充气息的一种方式，常用于字数较多、句法成分繁多、句子结构复杂的长句当中。

抢气，是口语表达中带有吸气声的补气方式，多用于长句或节奏急促、感情强烈的语句中。抢气除了可以补充气息外，由吸气所产生的气流摩擦声也可以作为一种特殊的思想情感表达手段。

4. 发声方式训练

（1）实声

在正常发音状态下，控制发声的肌肉，使其均处于适当调节的程度，音高和音强也处于音域和音量的中间区域，嗓音听起来明亮放松。实声常用于表达严肃、紧张、激动等感情色彩。

（2）虚实声

如果声门比较放松，略有缝隙，气流就会在发声时因少许泄漏而形成摩擦声。这种由少量的摩擦声与声带振动声混合后形成的音色，往往比较柔和，常用于平和、真诚、愉悦的口语表达。

（3）虚声

如果声门未闭合，有缝隙，气流的摩擦声就会比较大，声音就会发虚。如果声门过度张开，就会产生只有气流摩擦声的气声。不明显的气声还带有声带振动的明亮音色，明显的气声则可能完全没有明亮音色。虚声一般是为了满足特殊语境中表达特殊情感的需要，如表达想象的画面、亲切放松的内容、说悄悄话等。

5. 共鸣调节训练

（1）胸腔共鸣

发音时，喉部放松，适当降低音高、加大音量，同时舌位适当靠后，此时形成的声音带有饱满、扎实、厚重的色彩，容易让人感到态度真诚，能增加信任感。

（2）口腔共鸣

发音时，韵母中的元音舌位适当，舌体活动自如，发音动作路线明确清晰，同时唇齿适当贴近，口型呈微笑状，此时形成的声音自然舒适，具有活力。

（3）鼻腔共鸣

鼻腔共鸣，是鼻腔通道畅通状态下所发出的一种共鸣音色。适当的鼻腔共鸣，一般处于听感可以接受的程度范围，能够起到美化声音的作用。

（二）技能训练

1. 口腔控制训练

（1）唇的训练

【训练一】喷唇。双唇紧闭，将力量集中在唇的中部，阻住气流，然后突然喷气发声，发出 p 音。除阻时，能感觉到唇上肌向两侧斜上方的牵动。

【训练二】咧唇。双唇闭紧并用力向前噘起，随后嘴角用力向两边伸展咧嘴，反复进行。

【训练三】绕唇。双唇闭紧并用力向前噘起，随后向上、下、左、右运动；熟练之后，可噘起嘴，按顺时针方向或逆时针方向，转唇360度。

（2）舌的训练

【训练一】弹舌。舌尖抵住上齿龈，阻住气流，然后突然打开，发出类似 ta 的声音。练习时，应注意以较快的速度来回弹上齿龈。

【训练二】刮舌。舌尖抵下齿背，舌体贴住齿背，随着张嘴用上门齿齿沿刮舌叶、舌面，并使舌面逐渐上挺隆起，最后将舌面后移向上贴住硬腭前部。

【训练三】顶舌。闭唇，用舌尖用力去顶左内颊；随后，用舌尖用力去顶右内颊。可反复练习。

【训练四】绕舌。闭唇，将舌尖置于齿前唇后，以顺时针方向环绕360度，然后以逆时针方向环绕360度。可交替进行。

2. 吐字归音训练

【训练一】朗读下列成语，注意放慢发音速度，体会每一个字音的发音过程。

暴风骤雨　排山倒海　满腔热情　发愤图强　当机立断　谈笑风生
老当益壮　高瞻远瞩　慷慨激昂　豪言壮语　响彻云霄　辗转反侧
超群绝伦　山水相连　饶有风趣　再接再厉　沧海一粟　三思而行

【训练二】朗读下列古诗，体会并掌握音节的吐字归音。

（1）故人西辞黄鹤楼，烟花三月下扬州。

　　孤帆远影碧空尽，唯见长江天际流。

（李白《黄鹤楼送孟浩然之广陵》）

（2）剑外忽传收蓟北，初闻涕泪满衣裳。

　　却看妻子愁何在，漫卷诗书喜欲狂。

　　白日放歌须纵酒，青春作伴好还乡。

　　即从巴峡穿巫峡，便下襄阳向洛阳。

（杜甫《闻官军收河南河北》）

3. 呼吸方式训练

（1）吸气训练

【训练一】仰卧床上，手臂放于体侧，双腿自然并拢。吸气，默念"1"；呼气，默念"1"；吸气，默念"1"；呼气，默念"1、2"；吸气，默念"1"；呼气，默念"1、2、3"；以此类推。吸气时，注意气息下沉，两肩不要耸动。

【训练二】站立，胸自然挺起，两肩下沉，小腹略收。如闻花香一般，深沉而安静地将气吸入肺底，感觉两肋自然打开。气吸入八成满时，控制1—2秒后，缓缓地呼出气息，有舒适自如的感觉。

（2）呼气训练

【训练一】模仿吹桌面上灰尘的呼气方式，均匀、缓慢地呼出气息。呼气时间，可以根据练习的熟练度逐渐延长，直至达到25—30秒。

【训练二】一口气从1数到30。注意声音要规整、圆润，不能有挤压、力竭的感觉。

（3）换气训练

朗读下列短文，在适当的地方进行换气。

从地面仰望，旷野上空群星透亮。灿烂星河间，有时可见一个轻巧灵动的身影——那是中国空间站轻轻划过夜空。

从太空俯瞰，神舟十四号航天员乘组第一次在空间站见证同伴从地球出发，履约而来。

200米……19米……载人飞船与空间站组合体成功实现自主快速交会对接，神舟十五号航天员乘组从飞船返回舱进入轨道舱。

11月30日7时33分，翘盼已久的神舟十四号航天员乘组顺利打开"家门"，热情欢迎远道而来的亲人入驻"天宫"。

"胜利会师"的两个航天员乘组，在中国人自己的"太空家园"留下了一张足以载入史册的合影。[1]

---

[1] 黄明等《携手圆梦启新程》(http://www.news.cn/mrdx/2022-12/01/c_1310681008.htm，访问日期：2022年12月25日）。

4. 发声方式训练

【训练一】用自己感觉舒适的方式发出中音，并以此为出发点，用发长音 a 的方式，分别向高音、低音方向进行音域扩展练习。训练时，应注意循序渐进，高音应避免嗓音过亮所挤压出来的声音，低音应避免声门闭合过紧产生喉音。

【训练二】使用相同音高，用实声、虚实声、虚声分别发出长音 a，体会元音 a 发声时喉部的不同状态，以及由此所产生的音色变化。

【训练三】想象自己在呼喊 80—100 米以外的熟人："小——钢——"。练习时，可以带有适当的感情色彩，由远到近、由近到远地呼喊，由实声较多逐渐转为虚实声、虚声，使情、声、气自然地融为一体。

5. 共鸣调节训练

【训练一】用较低的声音发 ha，感觉是从胸腔发出的比较浑厚的声音，并随着声音由低到高的变化，体会胸部响点位置的移动。注意声音不要过高、过亮，可适当加大音量。

【训练二】分别用嘴角下垂和嘴角上抬两种方式朗读下列短文，体会朗读音色及声音效果的不同。

过年，对于每一个中国人来说，都是最温馨的时刻。年，是咧开嘴的花馍，是香气四溢的腊肉，是热气腾腾的年糕，是未喝先醉的米酒。过年，是亲人团聚，灯火灿烂；是围炉夜话，叙往忆昔；是把酒言欢，畅想未来。

……

打理一整年的辛劳，抚慰一整年的思念，无数个你我，在共同的节日里，彼此温暖、互相鼓励，汇聚继续前行的力量。

总是在这样岁序更替、华章日新的时刻，才更真切地感受只争朝夕、不负韶华的自豪。[1]

【训练三】交替发口音 a 和鼻音 ang：a—ang—a—ang……反复练习，体会发口音时软腭上升、堵住鼻腔通道的感觉，以及发鼻音时软腭下降、打开鼻腔通道的感觉。

---

[1]《春天，为追梦者而歌》(https://m.gmw.cn/2022-02/02/content_35492415.htm，访问日期：2022 年 3 月 5 日)。

二、口语表达中的心理训练

（一）训练提示

1. 语用心理的构成要素

（1）认知能力

认知能力，是人们基于知觉、记忆、想象、联想、判断、推理等主观条件所形成的获取知识的综合性信息处理能力。认知能力是交际者产生语言交际动机和意图的基本心理条件。

（2）情感情绪

情感，是对外界刺激肯定或否定的心理反应。情绪，是人从事某种活动时产生的兴奋的心理状态。人的内心情感往往通过个人情绪来表现。情感情绪反映在口语表达中就体现为交际者个人心理的自我状态。这种状态，有人表现为一种权威性，言语行为具有评价性和批评性；有人表现为一种理智性，言语行为具有平等性和合作性；有人则表现为冲动性，言语行为具有随意性和极端性；等等。

（3）动机目的

动机是口语表达的起点，目的是口语表达的终点，属于引发、实施和维持口语表达活动的内部动力。交际者因交际需要而产生交际动机后，便会在交际动机的支配下实施话语交际行为，并最终实现自己的交际目的。例如：教师课堂教学口语表达的动机和目的，就是要把相关学科专业的知识及技能完整、系统地传授给学生。

2. 语用心理障碍的表现

（1）话语内容遗忘及原因分析

发话人在进行口语表达时，有时会一时想不起所要表达的话语内容。这种由大脑对记忆内容的暂时性抑制所造成的现象，通常跟以下因素有关：

语境陌生：口语表达中的怯场，有时同交际者不熟悉话语交际的语境有关，如第一次登台试讲、第一次参加课堂教学比赛、第一次组织家长会、第一次参加学术研讨会等。在面对许多陌生面孔或众目睽睽之下，就会出现因话语交际语境陌生而遗忘话语内容的情况。

高期望值：过于关注话语表达效果，追求完美的口语表达水平，也会导致正式交际场合中的心理压力增大，从而导致原本良好的口语表达能力无法正常发挥。

畏惧权威：一些交际者平时口语表达能力不错，但只要遇到专家、领导、同行来观摩，就会因过度担心观点不妥、害怕引发他人非议而陷入话语内容的"暂时性遗忘"。

性格因素：性格内向的交际者，即使是内心有强烈的交际欲望，也不敢大方地与他人交往，常常情不自禁地出现脸红心跳、语无伦次、手足无措等现象。也有一些交际者因缺乏自信而不断给自己施加一些消极心理暗示，于是在当众讲话中就会越想越怕，越怕越出错。

（2）话语表达失控及原因分析

在口语表达中，良好的心理控制能力能够让交际者逻辑清晰、表达流畅、处变不惊；反之，则容易出现词不达意、语无伦次、自我怀疑的现象。心理控制能力往往与人的遗传因素、知识水平、社会环境、生活阅历等因素有关，具体表现为自控能力和他控能力。

自控能力：良好的自控能力表现为交际者能够在口语表达中有意识地约束自己的言行举止，如主动排除自身不良情绪和外界的干扰，使自己的话语最大限度地符合交际双方的语用需求等。在话语交际中，适度的焦虑可以使人集中注意力，但过度的焦虑则会导致表达失控。当然，也有一些发话人因自高自大而在话语交际中只顾自己滔滔不绝，不懂得倾听他人话语，这同样也会导致话语交际的失败。

他控能力：是指交际者在口语表达中通过生动的表情和动作、精彩的话语内容、强烈的共情体验等对受话人进行有效控制的心理控制能力。在正式开始口语表达前，提前到达并熟悉交际地点、小范围与受话人交谈等，都是实现他控能力的有效方法。

（二）技能训练

【训练一】面对镜子，观察自己的眼睛和表情，并依次完成下面的练习：

1. 用柔和的目光和表情与受话人交流，传递出"感谢您的倾听"的信息。

2. 用期待的目光和表情与受话人交流，传递出"我讲清楚了吗"的信息。

3. 用自信的目光和表情与受话人交流，传递出"我对此始终坚信不疑"的信息。

4. 用亲切的目光和表情与受话人交流，传递出"我始终与您保持一致"的信息。

5. 用严厉的目光和表情与受话人交流，传递出"你犯了一个严重的错误"的信息。

【训练二】以"教师的价值"为题进行演讲；可以先进行个人独白式练习，然后依次在小组、班级和正式场合从容地发表讲话。

训练步骤及提示：

1. 根据话题自行准备材料，注意选择短句较多、语气停顿明显的材料。

2. 开始讲话前3—5分钟，闭上眼睛，用胸腹式联合呼吸法深呼吸数次。想好开头、结尾的关键词，以及自己的观点和见解，并自我暗示："我可以讲清楚，会表现得很好。"

3. 站起身来（个人或小组练习）或走上讲台（班级或正式场合训练）时，速度稍慢。准备开口时，先深呼吸一次，目光向前平视，并自我暗示："语速慢一点儿，语调坚定一点儿。"

4. 讲话时，面带微笑，并将注意力集中到话语内容上。如果出现语塞，就立即转换话语表达的角度，继续说下去。

5. 不要去探究受话人的眼神或表情，只需用心体会自己的目光是否友好。如果受话人出现鼓掌、讲小话、发出噪声时，可以适当提高语调，用目光正面接触受话人；必要时，可以用虚视、扫视或视而不见的方法，继续说下去。

6. 每次完成训练后，应及时总结自己的进步之处，并视情况给予自己相应的奖励。同时，记录下引发自己表达障碍的刺激因素，随后找一个自己感觉舒适的空间或姿势，闭上双眼，回忆最初引起自己口语表达障碍的刺激因素，直到紧张感完全消失为止。

三、口语表达中的思维训练

（一）训练提示

1. 思维的含义

思维是人类所特有的一种精神活动，是在社会实践中产生的。它指的是人们在表象、概念的基础上进行分析、综合、判断、推理等认识活动的过程。

良好的口语表达能力，源于敏捷的思维；而思维也只有以语言文字为载体，在遵循特定的语法、语义、语用规则的基础上，通过合理的表达方式，才能被其他人所理解。人们用语言表达思维，而语言一开始也参与了思维的形成。思维依赖于内部语言，内部语言的思维活动转移为外部语言的思维表达时，需要进行充实和完善。

2. 思维的方式

（1）形象思维与抽象思维

形象思维是运用直观形象和表象进行思维活动、解决问题的一种思维方式，其特点是具象性、完整性和跳跃性。形象思维主要依靠想象、联想等手段进行。少年儿童的思维就是以形象思维为主的。

抽象思维是运用概念、判断、推理等思维形式，对客观现实进行间接、概括反映的一种思维方式。在口语表达中，抽象思维常用来对话语材料、主题等进行分类、加工和概括，以增强口语表达的说服力。

（2）集中思维与发散思维

集中思维，又称为求同思维或聚敛思维，是从已知条件中得出相关结论的一种思维方式，如对海量信息进行选择和加工、在众多的选项中确定一个答案等。

发散思维，是指大脑在思维时呈现出一种扩散状态的思维模式，具有灵活敏捷、思路开阔、触类旁通等特点。例如一题多解、一事多写、一物多用等，都属于发散思维的运用。

（3）正向思维与逆向思维

所谓正向思维，就是沿袭某些常规去分析问题、按事物发展的进程去思考问题的思维方式，具体表现为通过已知来探索未知，进而揭示事物本质。正向思维要求充分估计已知条件、了解事物的内在逻辑等，以便获得正确的预测。

逆向思维，是对司空见惯的、已成定论的事物或观点进行反向思考的一种思维方式，如从结论倒推原因、从未知回到已知等。逆向思维有助于树立新思想，创立新形象。

3. 口语表达的思维素质

（1）逻辑性，即概念清晰，定义准确，层次分明，表达条理清晰、衔接连贯、阐述恰当。思维的逻辑性与话语表达的哲理性有关。

（2）深刻性，即能够深入客观事物的内部，把握事物的本质属性，揭示事物的客观规律，预测事物的发展进程。思维的深刻性与话语内容的深邃性有关。

（3）敏捷性，即能够迅速对话题做出判断和反应，快速得出结论。思维的敏捷性与话题表达的准确度有关。

（4）灵活性，即能够根据事物的发展变化，及时提出对应的观点、假设、方法等。思维的灵活性与话语表达的新颖性有关。

（5）创造性，即能够通过独立思考产出新奇独特、具有社会价值的产品。思维的创造性与话语传播的影响力有关。

（二）技能训练

【训练一】不查词典，也不动笔写，口头解释下列词语。（每个词语限时1分钟）

语文　数学　英语　历史　地理　生物学　美术　音乐
物理　化学　信息技术　道德与法治　体育与健康

【训练二】分析下列多重复句中各分句之间的逻辑关系。

1. 只有具备较高的修养与素质，才能在待人接物、处理事情时多一份从容与平和、理智与得体，才会在与人交往时显得更为友好、更具善意，而不是揣测、提防、疑虑重重。①

2. 放眼长远，随着城镇化、工业化发展，保护农业文化遗产面临严峻挑战，全球重要农业文化遗产大会作为多边合作平台，有助于分享乡村振兴的中国智慧，有助于各国遗产地相互交流保护利用的优秀经验，碰撞更多文明火花，共同推进乡村繁荣。②

【训练三】以小组为单位，按要求完成口语表达中的思维方式训练。

1. 在火车、地铁、飞机等交通工具上，经常会遇到吵闹不休的"熊孩子"。对此，有人提议：公共交通工具应单独设立"儿童乘坐区域"，以免影响其他乘客。请你分别站在个人、同行乘客、乘务员、孩子及其家长的角度，表达对这一提议的看法。

2. 有人认为，上大学就是为了找个好工作。请你分别从赞成、反对和建议的角度，表达对这一观点的看法。注意做到立论明确、论证严密、结论深刻。

3. 以"当代青年做加法/减法更幸福"为题，组织一场辩论会。注意避免使用单一的思维方式进行表达，尝试使用各种思维方式来获得不同的表达体验。

四、口语表达中的倾听训练

（一）训练提示

1. 倾听能力的含义

语言交际是一种有结构、有意图的符号编码和解码创造活动。它需要交际双方遵循合作原则，才能形成话语表达的持续互动。听得准、理解快、记得清、应对迅速，是教师口语表达中对倾听能力的基本要求。

倾听能力指交际者在口语表达过程中对话语进行分析、阐释和理解的一种

---

① 宋宁刚《今天，我们为什么读书？》（https://politics.gmw.cn/2021-04/22/content_34784355.htm，访问日期：2021年5月16日）。
② 郑岩《让农业文化遗产绽放时代光芒》（http://opinion.people.com.cn/n1/2022/0720/c223228-32480428.html，访问日期：2022年8月1日）。

能力，属于一种可以由交际者自主控制的持续性交际活动过程；其中，大脑以自我为中心的、对周围世界的取向性观察显得尤为重要。

2. 倾听能力训练内容

（1）话语预测

在发话人开口前，根据交际场景、交际者主观因素等，预测其可能传递的话语信息；发话人讲话时，根据其语音语调、语法搭配、语用倾向等，预测其后续话语信息；发话人结束表达后，根据已获话语信息，验证之前对话语信息的预测是否正确。

（2）感知与记忆

在倾听他人话语时，要将注意力集中在听的内容上，记住关键性词语和语句。这需要交际者具备敏锐的话语感知能力，包括语音、词汇、语法、语用等的感知能力。只有熟悉并掌握普通话的声韵调、音变现象和语调的种类，能够结合话语上下文、语法结构、语境知识等，对关键词的词义做出合理猜测或推断，才能获取完整的话语信息。

（3）理解与组织

提高话语理解的准确度，需要借助记忆力、联想力、想象力、判断力、选择力等对话语信息进行加工和处置。倾听，既要把握话语内容的主旨，又要获取关键的焦点信息。只有这样，才能在最短的时间里听懂别人所说的话。

（4）反应与评价

倾听的反应与评价，是对自己所听到的话语进行分析、判断、评价的一种能力。如果交际者在完成话语接收、解码后，能够复述或转述所听到的话语，也能揣摩出话语的言外之意、弦外之音，或者是就此发表自己的批评性思考、进行故事续说或表演等，即可视为具备了反应与评价能力。

（二）技能训练

【训练一】根据重音的位置，体会"校长今天去北京了"这个句子的不同含义。

1. 重音放在"校长"上，这个句子的含义是＿＿＿＿＿＿＿＿＿＿＿＿。

2. 重音放在"今天"上，这个句子的含义是＿＿＿＿＿＿＿＿＿＿＿＿＿。

3. 重音放在"去"上，这个句子的含义是＿＿＿＿＿＿＿＿＿＿＿＿＿＿。

4. 重音放在"北京"上，这个句子的含义是＿＿＿＿＿＿＿＿＿＿＿＿。

【训练二】 收听（看）1—3则广播电视新闻并进行记忆，然后按照下面两种模式向不同的对象复述相同的新闻内容。

1. 对第一个人用4分钟讲完，对第二个人用3分钟讲完，对第三个人用2分钟讲完。

2. 对第一个人用4分钟讲完，对第二个人用2分钟讲完，对第三个人用3分钟讲完。

训练步骤及提示：

1. 训练时，请关注自己使用话语填补时间空白的能力、运用衔接而连贯的句子说话的能力、表达时发挥创造性和想象力的能力。

2. 训练结束后，请反思并记录自己在以上三个能力方面存在的问题，并与教师、同学交流和讨论，找到有针对性的解决方法。

【训练三】 听读下列短文，联想其中所蕴含的哲理，并尝试进行口语表达。

冬至是一年中白天时间最短的一天。冬至这天，北半球昼最短，夜最长。"吃了冬至面，一天长一线"，过了冬至以后，白天逐渐变长。

冬至已至，春有归期。皑皑白雪下，遮挡不住生命的力量，冬天已开启后半程，让我们积蓄温暖和力量，静静等待春暖花开的那一天。

【训练四】 根据下表，对自己的倾听能力进行测评，并针对存在问题进行专项训练。[1]

---

[1] 本表参考《听话能力因素（测评项目）及权数一览表》并有所修改。该表出自国家教育委员会师范教育司组编（1994）《教师口语训练手册（试用本）》，北京：北京师范大学出版社，144—145页。

表 1.1　听话能力因素（测评项目）及权数

项目	具体表现	权数
感知与记忆	1. 词语感知：能迅速提取话语中的关键词，并了解词语的基本用法。	10
	2. 细节感知：能关注并牢记话语中的细节，能回答有关问题。	8
	3. 要点记忆：能辨别并回忆话语中的主要观点、焦点信息。	8
	4. 内容记忆：能听清并回忆话语的主要内容。	8
理解与组织	5. 词义理解：能辨别同义词，了解其用法；能根据上下文理解词义。	10
	6. 句子认知：熟悉普通话的句型（主谓句和非主谓句），以及句类（陈述句、疑问句、祈使句、感叹句），能听出句子结构变换、语调和语气的变化所表达的不同意思。	10
	7. 语序认知：能听清并指出发话人话语内容的先后顺序。	10
	8. 内容理解：明白话语意义，以及话语中关键语句的含义。	10
	9. 理解主题：能一边听一边想，并及时概括出话语的中心思想。	10
	10. 含义猜测：能听出话语中所隐含的特殊语用含义。	10
	11. 结论推断：能根据话语内容进行简单的判断和推论。	10
反应与评价	12. 简单答问：能听懂问题，并进行简要回答。	12
	13. 听从指令：能根据指导性话语的详细说明，依次完成相关指令。	10
	14. 正误判断：能听出话语中的明显语病、错误或不妥之处，如语音错误、词法错误、句法错误、语用失误等。	10

注：权数作为安排各项目测评内容比重的参考。

第二章 课堂教学口语表达与实践

【学习目标】

知识目标：

- 理解"课堂教学口语"的含义，掌握课堂教学口语的功能及特点。
- 了解课堂教学口语表达的类型，理解不同类型课堂教学口语的特点。
- 掌握导课语、讲解语、结课语、提问语的表达方式。
- 掌握导课语、讲解语、结课语、提问语的建构方法。

能力目标：

- 能规范、准确地运用课堂教学口语组织和开展课堂教学活动。
- 能发现、剖析教师在课堂教学中出现的口语表达问题。
- 能运用课堂教学口语的基础理论，提高自身的教师职业语言素养及语言运用能力。

【知识导图】

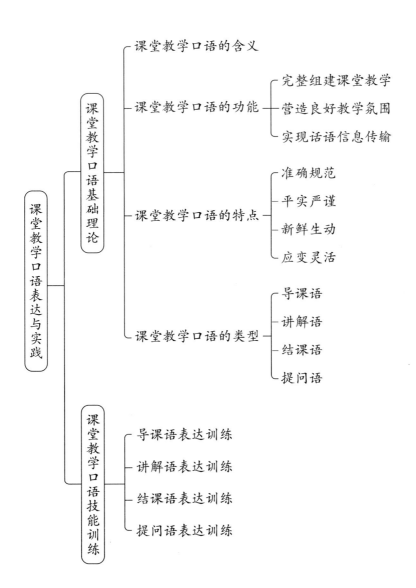

第一节 课堂教学口语基础理论

一、课堂教学口语的含义

课堂教学口语,是教师在课堂教学环境中为了组织教学活动、有效传输知识、调动学生学习积极性时所使用的语言。课堂教学口语的含义,可以从以下几个方面进行认知。

(一)课堂教学口语是以口语为表达方式的职业语言

课堂教学口语是以口语为表达方式的职业语言,这是指课堂教学口语具有口语表达的共性特征,又有其作为特定的职业语言的特性。关于这一点,可以从四个方面进行理解:

第一,课堂教学是以教师为主导的互动交流,教师是主要的话语传输者,因此课堂教学口语的表达方式以单向表述为主,双向交流为辅。第二,课堂教学以知识的传授为主要目的,课堂教学口语不同于诵读、演讲、报告等其他口语形式,是一种以讲析为主要表达方式的口语。第三,课堂教学口语往往受教材、教学内容、教学目的的规定,因而不同于一般的闲谈式的口语,它是饱含知识信息的话语。第四,课堂教学口语由于受到交际对象的特殊性的制约,其表达是灵动而富有变化的,是一种贴近学生生活的鲜活语言。

(二)课堂教学口语是在教学场景中使用的职业语言

1. 课堂教学口语是极具规范性的话语

教学场景属于语境中的非语言要素,对话语的表达和理解都起着重要的作用。在课堂教学这一特定的场景中,课堂教学口语的规范性是教师开展教学工作的基本要求。因为只有规范的语言,才可能发挥教学语言传递信息的功能。通常,课堂教学口语的规范包括语言运用规范和话语建构规范两方面的内容。

2. 课堂教学口语具有即兴表达的成分

课堂教学场景是动态的，学生在课堂上对教学内容的反应也是瞬息万变的。因此，课堂教学口语需要根据现场情况的变化，适时进行调整。这就使课堂教学口语在规范的基础上又增添了即兴发挥的成分。

（三）课堂教学口语是具有明确交际目的的职业语言

教师运用课堂教学口语，是为了实施教学行为，完成教学任务，达成教学目标，最终目的是向学生传授知识、进行思想教育和培养其能力。

1. 课堂教学口语是依据教材进行加工的话语

教材是教学的依据，是知识体系构成的重要蓝本。课堂教学口语，需要将教材上书面化的、概念化的知识或相对抽象的知识或事理，以学生能够理解、接受的方式，转化为鲜明、生动的讲解。所以，课堂教学口语的建构依据就是教材所规定的知识点。教师可以在此基础上进行适当的话题延伸和深化，但不能脱离教材随意建构话语。

2. 课堂教学口语是讲求艺术化表达的话语

课堂教学效果的优劣是以学生接受知识的程度为考量标准的，而学生接受知识的程度又与教师如何进行表达有着直接的关系。艺术化的语言，更能够调动学生的积极思维，增强他们求知、求疑、求解的学习欲望。

3. 课堂教学口语是具有教育性的话语

课堂教学虽然是以传授知识为主要目标，但教学内容本身就具有丰富的教育内容，教育自始至终都应该贯穿于教学之中。教师可以通过课堂教学口语，用教学内容来激发学生高尚的情感，唤起他们对理想的追求、对国家的热爱，建立良好的思想品德，实现教书育人的终极目标。

二、课堂教学口语的功能

优秀的课堂教学口语，能够激起教师与学生的话语共享，引发情感共鸣，形成思维共振，达成话语默契；能够激起学生积极回应、主动探索和言说的欲望，激发灵感，启迪智慧。

具体而言，课堂教学口语的主要功能表现在以下几个方面。

（一）完整组建课堂教学

课堂教学是一个具有规律性和科学性的学习实施过程，整个过程具有特定的内部组织结构。课堂教学的开头、过程和结尾，以及穿插在每一个环节中的若干内容的设置和组接，都需要按照一定的要求进行。课堂教学口语的功能之一，就是通过教师的话语组织，将课堂教学的整体结构和内容结构呈现出来，使课堂教学成为一个中心突出、层次分明、结构完整、有逻辑条理的完整语篇。因为作为一种极富逻辑性的语言，课堂教学口语可以借助清晰的语言逻辑层次，体现教师的教学思路和教学创设，使学生的思维活动在教师的指导下开展，更好地实现教学预期的目标。

课堂教学口语完整组建课堂教学的功能，主要是通过话语中心的确立、结构层次的安排、开头和结尾的组接等环节来实现的。

1. 话语中心的确立

话语中心是指一堂课所要表达的中心思想。课堂教学中常常会出现这样的现象：教师滔滔不绝地讲了一节课，到头来不知道最终要解决什么问题，讲了什么知识点，采用了什么解决问题的方法。这就是话语建构中缺失中心思想的表现。

话语中心是整个语篇内容的主旨，确立和体现主旨，是教学语篇"有内容"的重要体现。一节课所要解决的核心问题就是话语中心，可以通过一开始就呈现话语中心，也可以通过一段话引出话语中心，还可以通过事实、现象的叙述最后点出主题，以及有规律地反复强调主题等方式，安排中心内容。只有用话语中心贯穿和统领课堂教学，教师才能清楚地知道自己这一节课要讲什么，要解决什么问题。

2. 结构层次的安排

教师确定了话语中心之后，就需要对讲解内容进行层次和结构的梳理及布局，弄清楚内容材料之间的关系，将材料按照一定的逻辑关系进行呈现。常见的话语结构层次，主要有顺连和平列两种方式。

顺连，是按照事物发展的一般顺序和规律安排内容的层次结构的方式。它遵循和体现事物或事理之间的内在关联性，一般是按照时间的推移、事件的发展、事理的推理等顺序井然有序地组织话语，具体表现为一种清楚明了、层层推进、充分展示的结构形态。

平列不强调内容材料之间的关系，而是用共同的主题中心将相同或不同的内容材料以横向联系的方式串联组接起来。材料与中心思想的关系有两种体现方式：一是并列式，即逐一展现每个指向中心思想的内容材料，每次展现都是对中心思想的论证、阐释或强化；二是总分式，即先呈现中心思想，再分别将各个平列关系的内容从多个角度、多个方面进行细致的阐述和说明。

3. 开头和结尾的组接

开头和结尾是一节课完整结构必不可少的构成要素，需要对其进行合理的组接和关联。通常，首尾关联主要有呼应、递进、衔接、引申等几种方式。它们能合理搭建话语建构的框架，理清话语表达的思路和结构，避免因思维混乱而导致不知所云。

呼应式是将开头说过的话或表达过的意思在结尾时再次复现或强调，以达到进一步概括凸显主旨的目的。

递进式的重心在结尾，即结尾所表达的意义较之开头更进一步。它能引发学生对事物的深入思考，有利于培养他们不断钻研的研究精神，提高思维能力。

衔接式能突出事物或事理之间的逻辑推理和逻辑关系，例如：开头交代了事情的起始、过程，结尾就阐述事件的结局；开头说明了原因，结尾就呈现由原因所导致的结果；开头提出了问题，结尾给出答案或结论；等等。衔接式能够体现话语表达的自然起落，思维运作始终保持在一定的范围内，不容易出现大的偏差，也能够使语篇的整体框架呈现得更为清晰。

引申式是结尾在开头的基础之上对主旨进行扩展。引申式与递进式不同，递进式是在一个"点"上深入下去，而引申式是从一个"点"进行扩展，让人联想到其他的若干个"点"。引申式既能深化主题，又能启发学生对问题进行扩展性思考。

（二）营造良好教学氛围

课堂教学口语，既能充分发挥口语表达的优势，还可以综合运用语境、体态语等非语言因素，营造良好教学氛围。课堂教学口语营造良好教学氛围，主要体现在以下两个方面。

1. 情景创设

课堂教学口语总是存在于特定的情境之中，情境是伴随教学过程始终的重要因素。教学情境主要指教学所处的客观环境，即学生参与学习的具体的现实环境。

注重情境创设，就是强调教师的课堂教学口语要切合现实环境，同时还要充分利用情境的有利因素，创设积极有效的学习氛围，调动和培养学生的学习兴趣和主动探究的能力。现代教育心理学认为：学生的学习行为是由学习动机引起的，产生学习动机的诱因往往是学习兴趣，而学习兴趣常常是在一定的情境中激发的。当前的课程改革强调教师要转变知识传授者的角色，主张教师是学生学习的引导者、促进者和合作者。进入信息时代以后，学生获取信息的渠道已不再限于教师，教师也不再是唯一的知识权威发布者。在这种情形下，教师创设课堂情境的能力就显得尤为重要了。

教学时，教师应根据学生的发展需要，围绕任务点，创设能够引导学生广泛而深度参与的学习情境。教学中创设情境的方法是多样的，演示、音乐、图片等都可以创设情境，但语言是最为直接、丰富的创设手段。借助语言，教师可以将静态的书本知识转化为动态的可感知的场景，让学生可见、可感、可思。

2. 语用艺术

课堂教学口语是一种在规范、准确表达的基础上创造性地运用语言的艺术。这种语用艺术主要表现为教师丰富的语言表现力、语言智慧以及对语言美的追求。课堂教学口语既是知识的传输工具，也是学生审美的对象。教师优美动听的声音、抑扬顿挫的节奏、声情并茂的讲解等，都能够营造出不同的教学氛围，为保障教学效果服务。

教师口语表达的语用艺术，具体体现为：叙事的清晰，说理的透彻，描写的具象；措辞的恰切，情感的真挚；比喻、排比、设问、反问等修辞格的准确运用；自然而富有感染力的手势、体态等。

（三）实现信息有效传输

课堂教学口语的信息有效传输功能，是由教学这种特殊的人际传播方式所决定的。课堂教学的过程是师生交流互动的过程，是特定场合下有目的、有计划的特殊人际传播。这种由特定角色构成的人际传播，具有以下特点：

第一，师生作为信息的主要发出者和接收者，双方可以随时进行信息的交流和反馈。教师可以根据学生在课堂上的反应及时修正、调整自己的传播行为。

第二，课堂教学属于面对面的信息传输和交流，教师可以选择的传输方式是多样化的，既可以用语言来交流思想感情，也可以使用体态语来表达和强化意义。

第三，特定的教学目标、教学内容、教学要求、教学手段等，使课堂教学具有较强的情境传播的特点。教师的教学语言会随着情境的需要和变化而发生相应的改变。

第四，课堂教学的交际主体是教师和学生，双方都是拥有独立意志的个体，但他们之间存在特定的社会关系。这种传播关系是建立在自愿和合作基础上的活动，双方都没有强制对方的权利，是一种相对自由和平等的传播活动。

第五，课堂教学中的师生存在着空间上的近距离接触，师生之间通过接触、接近或语言、非语言等信息的传播而发生的心理交集和行为交往过程，不仅是直接的，而且频率还很高。这种发生在课堂教学过程中的师生之间的直接互动，其传播影响力会远远超过其他大众传播所形成的间接互动，其对学生的影响会更大，效果也更强。

第六，人际传播强调要充分考虑参与者之间自身的差异，体现在课堂教学中即为教师要针对不同学生的实际进行语言传播，关照和把握学生的心理，将课堂教学口语传播建立在友好和谐的基础之上。

课堂教学中师生人际传播的以上特点，决定了课堂教学口语是实现信息有效传输的基础和保障。所谓的有效传输，无外乎是信息内容的有效和传输手段的有效。信息内容就是教师教学的话语信息，传输手段也主要是语言表现手段的选择和运用，它们都是以语言作为媒介来实施的教学行为。课堂教学口语的功能之一，就是依照课堂教学师生人际传播的特点，建构符合教学和角色需求的话语内容及表达方式，并通过对语音、词汇、语法、修辞等语言要素的运用，使课堂教学口语实现信息有效传输的功能得以充分发挥。

三、课堂教学口语的特点

课堂教学口语作为一种特殊的口语形式，是以教材为蓝本和依托的创造性表达。课堂教学口语的这种创造性，既体现为教师对教学内容和教学过程的把握和创建，也表现出教学口语的特殊功用及其与一般口语表达所不同的个性特征。

（一）准确规范

任何一种表达方式，都受一定的语言运用的环境、目的、对象、要求等因素的制约。课堂教学口语的准确规范，与教学承担着传授知识的任务以及所采用的手段有关。课堂教学对知识讲解的准确性有着特别的要求，稍有偏差就可能导致学生理解上的偏差甚至错误。所谓准确，就是概念明确、论断恰当，即恰如其分地呈现事物或事理。

1. 选用最精准的词语

口语不像书面语那样可以反复推敲、仔细斟酌，它是稍纵即逝的。因此，课堂教学口语表达词语选择的精准性难度较高，对教师口语表达能力及语言素养的要求也比较高。教师的词语运用是否精当，会对课堂教学产生较大的影响。例如：

一位教师要讲解关于水果的知识，他随口提问说："大家平时都爱吃什么东西呀？"（教师想当然地认为，学生会回答苹果、香蕉等水果）有一个调皮的学生回答："我喜欢吃鸡屁股。"这句话引起了全班同学的哄堂大笑，教师也一时不知怎样应对。

上例中，教师的词语选择就没有做到"精准"。如果教师将提问语中的"东西"一词改为"水果"，就可以限定学生回答的范围，也就不会出现学生回答跑偏的情况。"东西"和"水果"看似只是词义范围大小的不同，但所产生的效果却完全不一样。

2. 做出最妥当的表述

在课堂教学中，教师的讲解会占据大部分的时间。教师的口语表达，或推理论证，或描述说明，或叙述抒情，都是为了表述一定的观点思想，都是为了让学生明白道理，理解和接受知识。这其中，教师能否妥当地进行口语表达，关系到话语表达的效果及话语意图的达成。

课堂教学口语要做到表述妥当，教师就要能够抓住问题的本质，并能够准确地传递有助于学生理解知识、看待问题的话语信息。学生对问题的理解可能相对单一、片面和绝对，特别是低年级的学生，更需要教师的点化、引导和拨正。例如，一位教师在讲解"谎话"一词时，针对学生的片面理解做出了下面的表述：

教师：大家觉得什么是谎话？
学生1：谎话就是假话。
学生2：就是骗人的话。
学生3：说谎话的人都是坏人。
教师：谎话是假话，但不能绝对地认为说谎的人都是坏人。课文中的小主人公为了让妈妈多吃点，谎称自己不饿，难道他也是坏人吗？

针对学生突然提出的"说谎话的人都是坏人"的错误命题，教师进行了及时、准确的引导和纠正，而不是简单地用"你说的不对"作为应答，或者忽略学生的问题转而继续自己的讲课。学生的回答"说谎话的人都是坏人"可能不在教师的预料中，但教师在短时间内发现了问题的本质，及时调整话语表达，做出了妥当的应答，让学生明白了自己观点的片面性。

3. 表达最鲜明的语意

课堂教学具有很强的目的性，每一节课都有相对应的教学任务和目标。完成具体教学目标和教学任务，是教师课堂讲授的重心。因此，课堂教学中教师的话语不能是"闲谈"式的表达，也不能散乱而随意地"说"，而是要围绕知识点进行解决问题式的"讲"。

表达最鲜明的语意，首先是指教师的教学语言要体现中心思想和主题意识，让学生清楚地知道：老师在说什么；说这些话的目的是什么；听了这节课，我解决了什么问题，获得了哪些知识。课堂教学中，教师的口语表达内容与客观事物之间存在揭示与被揭示的关系，如果忽视这种关系，就会影响语意的鲜明性，比如没有明确的话语意图，不清楚要具体解决什么问题，以及使用什么方法解决；重点不突出，中心不明确；漫无边际，东拉西扯；等等。

其次，表达最鲜明的语意与教师对事物及事理的认知态度有关。教师应当做到：在客观事实面前不含糊、不隐瞒、不夸大，旗帜鲜明地表达自己明辨是非的主观态度；讲解知识时，尽量避免用语含糊、模棱两可，防止学生学习时出现无所适从的现象。

再次，表达最鲜明的语意需要遵守语言运用规范，即某一语言在语音、词汇、语法、语用、书写符号等方面的规则和标准。教师课堂教学口语的规范及标准是国家颁布的语言使用规则及要求，包括语言本体的规范和语言运用的规范。

语言本体的规范，涉及语音、词汇、语法、书写符号等方面，具体来说就是：语音以北京语音为标准音；词汇以北方话为基础方言；语法以典范的现代白话文著作为语法规范；书写符号则需要遵照相应的汉字使用规范标准和标点符号规范。

语言运用的规范，要求遵照现代汉语语用原则，同时将语言本体规范与动态的语用实践相结合，以适应当前交际渠道多样化、语用主体多层次化、语用创新意识较强的时代要求。

教师课堂教学口语的规范程度，对教学效果的提升有着重要的影响。以语音规范为例，如果教师的普通话不标准，不仅会直接影响到学生学习语文等课程，而且还会影响到学生学习和使用普通话，尤其是对于低年级的学生来说，这种影响就显得更为明显。

（二）平实严谨

1. 平实

平实是课堂教学口语的一种风格基调。清晰、简明、准确地传递知识文化，是课堂教学口语的基本要求。与之相适应，课堂教学口语在实际运用上，并不需要过多地追求辞藻的华丽、言辞的雕饰，而往往以朴实、亲切、自然的叙述和说明为特点，充分体现出教师与学生之间的交流感。课堂教学口语不是舞台语言艺术表演或自我情感抒发式的艺术表现，而是体现为让学生主动趋近、积极悦纳、高度认可的一种吸引力、感染力和影响力。如果课堂教学语言过于书面化、文学化，就容易使教师与学生之间产生距离感，不符合学生对教师课堂教学口语形象的期待。当学生通过教师的口语表达真切地感受到教师是在与自己"对话"而不仅仅是在"讲话"时，亲近感就会促使他们更愿意接受教师说的话。

例如：小学道德与法治课的任课教师，在讲授"校园生活真快乐""家中的安全与健康""天气虽冷有温暖""感受家乡文化 关心家乡发展""爱护地球 共同责任""成长的节拍""友谊的天空"等课程内容时，应该多选用一些贴近生活、贴近对象和接地气的话语，避免干巴巴的教条式的简单说教，要用现实生活中的真实案例、生活故事、客观数据等去说服和教育学生，让学生通过教师客观真实、可亲可信的口语表达去亲近教育实践。只有这样，思想道德教育才能进入学生的头脑，走进学生的内心世界，植根于学生的灵魂深处。

2. 严谨

课堂教学口语之所以具有严谨性，一是因为知识本身具有科学性或人文性，这是客观存在的事实。教师在课堂上向学生传输这些客观事实时，应以严肃的态度，细致、周全、完善地将事物的原貌呈现给学生，尽可能让学生接近事物的本质。二是因为教师在课堂上讲授知识，离不开析事论理，而分析事理就得依靠严谨的逻辑推理。讲究逻辑、讲通道理，其严谨的逻辑本身就是一种具有感召力的话语。

严谨的课堂教学口语，主要表现为：教学思路清晰；词语选用准确恰当；语句和语段之间的内在逻辑性严密；语篇衔接紧凑，转换自然；教学过程完整，首尾关联。课堂教学口语表达中出现的概念不清、判断不明、模棱两可、自相矛盾、结论不成立等现象，都是由缺乏严谨的逻辑推理而导致的。例如：

王鸣同学不会分析这篇文章，说明他的语文水平不高，学习方法不对。张晓晓同学就分析得很好，可见他的语文功底不错。

这位教师的教学口语就很难让学生信服，因为教师的话语违反了基本的逻辑推理，不符合由"否定后件到否定前件"的推理公式。

又如：将"整除"与"除尽"、"数位"与"位数"、"切线"与"切线长"等混为一谈，这是违背了同一律；"圆锥的体积等于圆柱体积的三分之一"这句话忽略了"同底等高"的条件；语句"这两条平行线画得不够平行""这个直角没画成90度"违背了矛盾律；"所有的偶数都是合数""最小的整数就是零"之类的话语，则是犯了以偏概全的错误。

（三）新鲜生动

课堂教学口语的风格基调是平实严谨的，这并不意味着教师可以不重视话语表达的生动、活泼、新鲜。教师的课堂教学口语应该在平实严谨的基调上，采用多种富有感染力的语言手段，以增强教学语言的可接受性。

1. 新鲜

课堂教学口语的"新鲜"，首先表现为语言材料的"新鲜"。

教师的课堂教学口语要避免陈词滥调，应多使用与时代、社会、生活接近的语言，不断建构新的话语表达样态，以增加学生对事物的感知兴趣。青少年群体思想活跃，思维敏捷，对新鲜事物怀有强烈的好奇心，对诙谐幽默、新颖独特的流行语言有着特殊的偏好，甚至有时还会成为流行语的创造者、传播者和受众。教师的课堂教学口语要获得学生的认同，就要使用对他们具有吸引力的语言。而与时代、社会、生活接近的语言，就能较好地促进师生之间的有效对话和融合，从而自然、巧妙地强化主流意识形态对青少年群体的吸引力，使教师的课堂教学口语具有鲜明的时代气息。

其次，课堂教学口语的"新鲜"还体现为语言表达富有创造性。

语言表达富有创造性，要求教师关注口语表达变化，体现语言表达丰富的质感，特别是对于相同的语义内容要注意选择不同的词语及表达方式。例如：教师在课堂上对学生的评价，不仅要关注学生学习的结果，更要关注他们学习的过程；不仅要关注基本知识和基本技能的掌握，更要关注在学习活动中所表现出来的能力、情感、态度等方面的发展，帮助学生认识自我，建立信心。比如同样是赞赏，教师可以使用不同的话语表述，而不是千篇一律地总是说"不错""很好""真棒"等。

2. 生动

课堂教学口语的"生动"，是指教师口语表达要具有形象感，鲜明活泼，风趣诙谐。无论是叙事状物、议论说理，还是抒发感情，都能够让人感受到语言所带来的感染力。例如：

一位教师上课时，因为没有了解情况，错误地批评了一位学生。这位学生不仅感到非常委屈，不愿意接受教师的批评，而且还立刻站了起来与教师理论。一时间，课堂气氛有些紧张。教师马上意识到自己的失误，便对学生说："你给老师一点时间，我再了解一下事情的缘由。"教师弄清楚事情的经过后，发现是自己错怪了学生。于是，教师说道："经调查，我们认为对小李同学的指控不能成立。经本人慎重研究决定：接受该同学的上诉，撤销原判，为小李同学彻底平反昭雪。同时，老师也要对自己缺乏调查研究就下结论的错误做法表示检讨和反省，也要向小李同学表示歉意，希望小李同学也给老师一次改正错误的机会。"最后，事情在轻松、愉快的气氛中得以解决。

上例中，教师运用幽默的口语表达方式——语体移用，将正在使用的课堂教学语言突然变成了法律语言表述，造成了两种语言体式在风格上的强烈反差，从而产生了幽默的效果。这样的课堂口语表达，既化解了一度有些僵硬的对话关系，缓解了紧张严肃的气氛，也让教师和学生都能够在较为轻松的状态下表达和接受话语。

（四）应变灵活

课堂教学活动，既是一个模式化的过程，也是一个开放、复杂多变、不断生成的过程。其中，有很多临时出现的情况都不可能在教师的预料和准备中，如"老师还没有讲，学生就会了""学生没有按照老师想要的思路进行思考""学生指出了老师的错误""学生提出的问题老师回答不了""学生上课不专心"等，这些都是课堂教学中常见的"意外"。这些"意外"都是对教师教育机智的一种考验。

教育机智是教师长时间积淀下来的、能在不断变化的教育教学情境中随机应变的一种教学技能。课堂教学口语的灵活应变，既是教师基本教学技能的体现，也是课堂教学充满生机活力的体现。如果每天的课堂教学活动都是按教师的预设进行，那么就很有可能会因为缺少灵动的变化而显得死气沉沉。正视教学"意外"的存在，正确处理和转化"意外"，这是对教师教育机智的要求，也是教师提升课堂教学效果的必备素质。例如：

一位教师在上数学课时，发现一名学生在画画。教师并没有直接批评这名学生，而是对他说："你画得不错，今天我刚好讲了'圆'，你给我画一个'圆'看看。"学生很轻松地画了一个圆。教师又说："我们之前还学了正方形，你再给我画一个正方形吧。"学生又轻松地完成了。教师接着说："现在你左手画圆，右手画正方形，两只手同时进行，看看能不能完成。"学生尝试了多次都以失败告终。教师问他原因，学生不好意思地说："一心不能二用，我们只能专注地做好一件事。"

案例中的教师借题发挥，灵活应变，不仅让学生恍然大悟，也让所有学生体会更加深切。教师画龙点睛式的课堂教学口语，以变应变，因势利导，不但保证了教学的顺利进行，还将课堂突发状况转化为有价值的教学资源，使其成为课堂教学的新亮点。

四、课堂教学口语的类型

根据课堂教学环节的构成，课堂教学口语一般可以分为导课语、讲解语、结课语、提问语四种类型。

（一）导课语

导课语是一节课导入环节的开场白，是一节课的开端，在整节课中起到开启、衔接、引入和渲染的作用。

1. 导课语的特点

（1）目标的指向性

课堂教学具有明确的目标性，教学目的的达成度是衡量一节课成败的关键要素。导课语是与教学目标密切相关的能够激发学生学习兴趣的话语，具有明确的目标指向性。它体现的是教师的教学意图以及课堂所要解决的关键问题。好的导课语，往往能够回答"为什么要说这么一段话""设计这段话的目的是什么""这段话是否直击问题的核心"等问题。

（2）关注的引发性

成功的导课语，能够将学生散乱的思维集中到某一个知识点上。因此，教师的导课语表达可以充分调动多种语言表现手段，甚至是体态语、语言环境等非语言表达手段，以最大程度地引发学生对某一问题的兴趣和关注。

（3）整体的关照性

课堂教学口语往往体现为一个完整的语篇，话语之间是相互关联、互为目的的。导课语能够自然开启教师所要讲解的教学内容，将学习的重难点、思维方式导向并贯穿于整节课的教学活动当中，最终与结课语相互呼应，表现出逻辑严密、层次清晰的话语结构。

2. 导课语的建构

导课语主要有直叙型、描写型、虚拟型、结论型、议论型、悬念型、引语型等建构方式。

（1）直叙型导课语

直叙型导课语，就是用叙述的方法，直接将本节课要讲的主题和要解决的问题呈现出来，具有开门见山、高度浓缩的特点。直叙型导课语没有过多的渲染和"惊疑"，也没有刻意的铺垫，属于比较冷静、理性的表达，相对来说适合于高学段的学生。

（2）描写型导课语

描写型导课语，是通过绘声绘色的描写使人有身临其境之感，具有生动活泼、具体形象、引人注意的特点。这种类型的导课语因为具有情景感，学生很容易被带入特定的场景中，对人物或事物产生指向性的关注，如人物的外貌特征、事物的属性特征等。

（3）虚拟型导课语

虚拟型导课语，是在涉及具体的主旨之前，先作某种设定，可以用关联词语"假如""如果"等开头。这种假设由于与学生有某种关联，故能引发学生心理上的关联，从而拉近课程内容与学生之间的距离，能提高学生思维的活跃度，激发学生更加广泛、深入的思考。

（4）结论型导课语

结论型导课语，是开头直接出示一个引人注目的论断、观点、见解，并将这一结论贯穿于整个讲解中，具有观点新颖、见解独到的特点。它能使学生对学习内容产生进一步了解的欲望，教师也更容易围绕一个核心观点进行讲述，不容易出现表达的混乱。

（5）议论型导课语

议论型导课语，是通过叙述事实进而进行评论，或者先作评论，再说出评论的根据，具有统领全局的特点。值得注意的是，教师无论是先陈述事实再进行评论，还是先评论再呈现根据，都要保证导课语同讲解语甚至是结课语浑然一体，丝丝入扣。

（6）悬念型导课语

悬念型导课语，是将教学内容中最吸引人的内容在导课语中进行揭示或暗示，先不直说或不全说，留个疑点，具有"惊疑"效应。学生会对悬念背后的真相充满好奇，而这种"好奇"不仅会激发学习兴趣，而且还能让思维高度兴奋和活跃，有利于教师进行课堂教学。

（7）引语型导课语

引语型导课语，包括引典或引用别人的话。引典是指引用一些古诗和辞赋中的佳句，或一些传奇故事、典故等，可以使导课语显得意境幽远，颇有文采。引用是恰当使用别人说过的话，以补充所要陈述的事实，揭示、阐明事理的意义及其影响。引用能增强说服力，触发学生的认同感，同时也能回顾之前所学知识。

（二）讲解语

讲解语，是教师系统、完整地阐释教学内容的课堂教学口语，也是在一节课中占比最大的口语表达类型，具有传输知识、解决疑惑、培养能力的重要作用。

1. 讲解语的特点

（1）精准明晰的表述

讲解语主要用于教师对知识原理的讲述和诠释。讲解语中用词的精准及表述的清晰，直接关乎学生对教学内容的正确理解和掌握。精准可以减少理解的偏误，提高口语表达的效率；清晰能够保证信息传输的顺畅，减少或消除口语接受的障碍。

（2）完整合理的架构

讲解语体现的是教师的完整教学思路，它依据明确的逻辑关系和课程的特性而建构。课堂教学中，一个个相对独立的教学口语片段所构成的就是一个完整的语篇。整个语篇讲究表达的先后顺序、过渡的衔接转换和明晰的层次划分。

（3）深浅适宜的接受度

讲解语运用效果的评价标准是学生的接受程度。高深莫测的课堂讲解语，会让学生不知所云；过于浅显的课堂讲解语，也不利于学生的发展。根据不同的学段、学情、对象等实际，进行深浅适度的课堂讲解，才能提高讲解语的可接受度。

2. 讲解语的建构

（1）叙述性话语

叙述作为教师课堂教学口语使用频率最高的表达方式，是将人的经历，事件发生、发展和变化的过程，完整地传递出去的一种话语表达方式。由此所形成的叙述性话语，具有话语的完整性、信息的丰富性等特点。

叙述性话语的完整性，首先表现在话语表达的顺序性、持续性和因果性方面。叙述总是按照事件的发生、发展、结束的时间顺序持续展开的，同时兼顾一定的空间顺序，以此来呈现事物之间的相互关系，进而将事件的全貌完整地揭示出来。其次，叙述性话语的完整性还表现为显著的逻辑层次。叙述所涉及的要素较多，将这些要素组合起来就需要有明确的逻辑线索，如因果逻辑、时空逻辑、情感逻辑等。

因为叙述展现的是整个事件的过程，其中就必然包含很多细节和情节。细节和情节所蕴含和可提供的信息，使得叙述性话语具有了信息的丰富性这一特点。在叙述的过程中，教师应最大限度地掌控和传输信息，将想要表达的内容在充分的程度上做到极致；学生也能因此获得详尽、丰富的信息，从而满足其学习需求。可以说，课堂教学中的叙述能够在最大程度上满足学生对话语的信息量和信息质的需求。

教师运用叙述性话语进行课堂讲解时，需要注意：

① 知识信息的筛选。教师应注意分清关键要素与非关键要素、重要情节与次要情节、必要条件与充分条件、主要原因与次要原因、关键人物与次要人物等，以免因不区分轻重、主次而导致教学重点和难点不突出，以及口语表达缺乏主题和重心的现象。

② 叙述性话语的完整性。叙述性话语的建构，除了要在内容上体现出事物之间的相互关系外，还需要在形式上注意话语之间的衔接、连贯和起承转合，以突出语篇的完整性。

（2）说明性话语

说明是运用准确的语言来阐释客观存在的事物或现象、事情的道理等的话语表达方式。说明与叙述不同：虽然叙述也需要对事物之间的关系进行说明，但其感性成分更多，信息也更具有可扩充性；而说明则是采用客观阐释的方式来建构话语，话语信息更加理性、客观，话语形式显得严谨、朴实。

说明性话语，是表达者在对说明客体充分了解、准确认知的基础上，将自身的认知结果表达出来的话语类型。说明性话语需要以科学概念、客观判断为基础，具有明显的科学性、普遍性，而不是一种个人自我经验的感性判断。因此，说明性话语可供表达者自由发挥的空间比较小，其话语表达形式也必然是严谨、朴实的，多使用中性色彩的词语和表达判断的陈述句，较少使用具有褒贬色彩的词语，以及感情色彩鲜明的感叹句、疑问句等。

教师在课堂教学中建构说明性话语时，应注意：

① 科学准确地认知事物或事理。通常，被说明的对象一般是经过科学认证或推理的，体现事物本质特性的实物或抽象的概念等，具有共识性、认定性和统一的标准。教师在运用说明性话语时，应对被说明对象有充分、深入的了解和掌握，并在此基础上对其进行标准性的讲解。讲解时，教师要注意用词准确，不能依靠个人主观判断随意进行假想或猜测；要使用肯定的、明确的表述方式，避免模棱两可、模糊不清的口语表达。

② 抓住被说明对象的特征和本质。被说明的对象往往具有突出的特征和本质的属性，这也是一种事物区别于另一种事物的核心所在。教师在课堂教学中使用说明性话语时，一定要抓住这些特征或属性，按照事物或事理的时间顺序、空间顺序和逻辑顺序进行说明。时间顺序是按照事理发展的先后来介绍某一事物的说明顺序；空间顺序一般用来说明事物的构造或形态，包括从外到内、从上到下、从南到北、从东到西、由远及近、从点到面、从整体到局部等；逻辑顺序是按照事物的内部联系或人们认识事物的过程来安排说明顺序，如因果关系、层递关系、主次关系、总分关系、并列关系等。

③ 将抽象概念转换为具体形象。说明涉及的对象往往具有一定的抽象性，这就需要教师将一些抽象的概念转换为具体可感的形象，以增强课堂教学讲解的趣味性和可接受性。

④ 合理运用说明方法。课堂教学中常用的说明方法主要有：下定义、作诠释、分类别、举例子、打比方、作比较、引资料等。下定义是运用简洁的语言来概括事物的本质特征。作诠释是对事物的性质、特征进行解释。分类别指根据事物的形状、性质、成因、功用等将其分成若干类别后逐一进行说明。举例子是通过列举具有代表性的事例来说明事物的特征。打比方指运用比喻来说明事物的特征。作比较是通过比较两种事物或现象来说明事物的特征。引资料指通过引用相关资料来说明事物的特征。

（3）议论性话语

议论是以概念、判断、推理等逻辑论证方式，在分析、证明的基础上，表达发话人对事物或事理评判的话语表达方式。议论与叙述、说明的区别在于：叙述虽然也有一定的主观倾向性，但不会强调个人的观点和见解，更注重事件的线性流程；说明提供给表达者个人发挥的空间是有限的，需要在客观、科学、规范的语用限制之下进行表达；议论则可以按照自我的认知及判断，传达出带有个人主观意志的思想、观点和看法，并全力去证明自己的正确性，从而达到说服、影响对方的目的。

运用议论建构的话语就是议论性话语。议论性话语具有主观意识凸显、观点态度鲜明、逻辑论证严密等特点。它以表达观点为要旨，赞成什么、反对什么，都会明确地表达出来。所有话语都会围绕着中心论点进行严密的逻辑论证，目的是让受话人认同、接受表达者的观点，以加强或修正自身的认知，进而维持或转变对事物的看法和态度。因此，成功的议论性话语，通常都会表现出条理清晰、措辞严谨、层层推进、完整有序的论证过程。

教师在建构议论性话语时，需要注意：

① 正确把控观点。教师在课堂教学活动中对学生的影响是直接的、持续的，加之学生对教师所特有的信任感和依赖感，教师的讲解语就会对学生产生很大的影响。因此，教师虽然有表达个人观点的自由和权利，但在课堂教学中，面对不同年龄阶段的教育对象，教师的观点和见解就必须与社会主义核心价值观保持一致，体现出立德树人的教育教学工作立场。

② 说真话，讲实话。议论性话语表达忌说空话、大话、套话，避免空发议论，滥提口号，乱发号召。教师在课堂教学中，应本着实事求是的原则，讲道

理、摆事实，结合学生实际，引导学生形成正确的世界观、价值观和人生观。

③ 讲求议论的方法。议论性话语的建构，主要是围绕论点、论据和论证三个方面展开。

论点是表达者对所论述问题提出的见解、主张，以及所表示的态度，可分为中心论点和分论点两种类型：中心论点是发话人对问题的最基本看法，体现发话人最主要的思想观点；分论点从属于中心论点，并为阐述中心论点服务。论点的呈现有直接阐明、事例引出和结合内容提出等方式。

论据是能够证明论点正确性的事实或道理，可分为事实材料和理论材料两种类型：事实材料如具体的事例、历史事实、图片实物和统计数字等；理论材料如客观规律、科学真理、至理名言、格言警句等。

论证主要有立论和驳论两种方式：立论是对一定事件或问题证明阐述自己的见解和主张的论证方法；驳论是以有力的论据反驳他人论点的论证方法。教师可结合课堂教学实际，进行选择和使用。

（4）描写性话语

描写就是用生动形象的语言，把要表述对象的形象、状态具体生动地表现出来的话语表达方式。用描写的表达方式建构的话语就是描写性话语。描写性话语关注从细节展现事物的原貌，能够将客观世界中的客体特征具体化、形象化和外显化，从而刺激人脑感受神经与具象思维的认知，激发情境再现，引发抽象思维，创造想象运动，启发情感体验，引起情感共鸣。描写性话语能绘形、绘声、绘色地再现客观事物，使人有如见其人、如临其境的感觉，具有情境再现、具体形象、激发想象、感同身受等特点。

教师运用描写性话语时，需要注意：

① 准确选择描写对象。在课堂教学活动中，可以进行描写的对象很多，如人物、环境、事物、场景、细节、心理等，教师都是可以进行描绘和再现的。但是，选择什么作为描写的对象，则要依照课堂教学的目标和内容、重点和难点来进行确定。否则，很容易出现话语表达松散、啰唆、拖沓和中心不突出等现象，影响学生对话语信息的理解和把握。

② 运用修辞化的表达。相同的描写对象，可能会因为表达者的不同表达而产生不同的效果。现代汉语中多种多样的修辞手段，为教师个性化的课堂教学

口语表达提供了广阔的空间。

③ 合理运用描写方法。教学中常见的描写方法，主要有静态与动态、概括与具体、主观与客观、白描与细描、衬托与对照等。

静态描写，是指采用静态画面式的方式来呈现事物；动态描写，是采用以动写静或比拟手法进行描写。

概括，是对描写对象整体进行描述，以突出事物的总体印象；具体是选取描写对象的局部特征或细节进行立体描述。

主观与客观往往会融合在一起，即表达者在描写中将主观的感情态度与客观的具体物象相结合，从而呈现出情景交融的整体景象。

白描，是以简单、质朴的文字来直接勾勒人物形象或事物特征的方法；细描是对事物的主要特征作细致入微的刻画表达。

衬托是用相似、相关或者相反的事物来陪衬、烘托主要事物的方法；对照是把两种不同事物或同一事物的不同侧面放在一起进行比较的方法。

（5）抒情性话语

抒情是运用特定形式的话语来象征性地表现个人内心情感的话语表达方式。情感是一种无形的、抽象的心理反应，需要借助特定的物质载体才能得以抒发。因此，抒情性话语往往需要通过直抒胸臆、触景生情、咏物言志、融情于事、融情于理等方式，将无形的情感化作受话人可以感知的形式，如抑扬顿挫的节奏、轻重缓急的停连、或快或慢的语速等，才能得以直接或间接地表现。

抒情性话语的生成，源于表达者对美、信念和生命的感悟。美包括自然美、社会美和人之美，是触发人类美感的原动力。信念是指涵盖人们的世界观、人生观在内的价值观念，能充分地展现"真"与"善"。生命作为万事万物生生不息之源，是一切美好的永恒主题，也是最能够激起人类情感的元素。因此，抒情性话语不以传授知识、阐明观点为交际目的，而是以抒发自我情感的方式来感染受话人，使其产生同样或接近的情感体验和心灵对话，进而在情感层面产生共鸣。当然，情感的触发与个人的生命经历、文化心境、价值观念等密切相关，并非所有的客体都会引发抒情的冲动，即使是面对同一事物，有的人可能无动于衷，有的人则可能激动不已。抒情性话语是真实自然的个人内心情感表达的产物。

教师在课堂教学活动中建构抒情性话语，应注意下面的问题：

① 有感而发，真实自然。教师的抒情性话语，必须建立在真情实感的基础之上。只有传达出真实自然的个人内心情感，教师的课堂教学讲解语才能打动和感染学生。

② 积极健康，引人向上。积极、健康的情感，能将"知、情、意"与"真、善、美"完美地融合在一起，用理想、信念、智慧去打动学生，引导学生建立正确的世界观、价值观和人生观。情感虽然具有主观性和个性，但教师不能将课堂当作自我情感宣泄的场所，而是要把控好情感抒发的内涵、对象及方式。

（三）结课语

结课语，是课程结束时教师对所学的知识进行归纳总结时所使用的语言。作为一堂课的最后一个环节，结课语除了起到架构整体框架的作用外，还具有总结概括的作用。

1. 结课语的特点

（1）表达简洁有力

结课语主要是针对事物的关键、教学内容的重点进行精辟的点化，体现的是教师独到的思想和认知，是观点性的总结而不是重复性的陈述。所以，它不会贪多求全，而是多采用简短有力的语句来表达丰富、深刻的语义内容。

（2）语义衔接连贯

结课语的存在，不仅是为了使教学话语具有形式上的完整性，更重要的是彰显话语信息方面的连贯性，即注重与导课语、讲解语等课堂教学环节语在语义方面的关联度。通常，结课语会结合前面出现的特定情景、提出的问题、叙述的事物、陈述的原因等，做出相应的回应，从而在话语内容上对相关问题进行强调、评说，从而引出结果，得出结论，首尾呼应。

2. 结课语的建构

结课语的建构，主要有总结归纳、拓展延伸、练习巩固和承上启下等方式。

（1）总结归纳式

这是最常见的一种结课语表达方式，主要是对所讲解的内容进行回顾，帮助学生对知识进行整理概括，目的是通过强化重点难点、提示注意事项，让学生对所要掌握的知识内容有清晰的记忆。归纳总结也是教师重新梳理自己课堂教学思路的过程。

（2）拓展延伸式

拓展延伸式主要是在所讲解内容的基础上引导学生进行更深入、更广泛的思考，给学生提供自主学习、独立思考的空间。这种结课语的构建方式，能够启发学生思维，开拓学生视野。课堂教学的结束并不意味着知识的终结，相反，激发学生不断深入探索科学和真理的兴趣和欲望，激励和引导学生进行自主学习，这才是课堂教学的本质。拓展延伸式结课语，可以为学生指出进一步探索研究的方向，启发学生多角度、多思维、多方法看待、分析和解决问题，有意识地建立和培养学生的探究意识和创造能力。

（3）练习巩固式

练习巩固式，主要是通过随堂练习、布置作业等方式，让学生对所学知识进行强化和巩固。练习巩固式结课语，有助于教师及时发现问题，快速查缺补漏，提高学生的学习效率。

（4）承上启下式

承上启下式，主要是在归纳总结的基础上，将前面讲解过的知识与后面即将要讲的知识进行合理的串联，往往以疑问句作为结尾，提出学生需要思考的问题。这样的结课语，有利于学生提前思考和准备即将学习的内容，也有利于学生将所学知识整合在一起。

（四）提问语

课堂教学中，教师要适时把控学生对教学内容的关注、对课堂教学活动的积极参与。提问，就是在此过程中督促学生保持兴趣、持续听讲的一种教学手段。通过提问，教师可以检测学生对所学知识的理解掌握程度，促进学生创造性、批判性思维能力的发展，以及增强师生互动以调节课堂教学氛围。

提问语是教师运用提问这一教学手段时所使用的语言。教师在课堂教学中恰当使用提问语，能够有效调节教学，启发学生思维，有助于发现问题、提出问题、解决问题的学习过程的完成。

1. 提问语的特点

（1）充实的语义信息

充实的语义信息，表现为教师提问语所蕴含的语义信息具有足够的价值含量。具体来说，就是教师在课堂教学中提出的问题，对于学生的学习而言，是有知识含量的，有助于激活思维、触发灵感、引导顿悟。例如：

同学们，作者为什么要用"停止思想了"这句话来表达马克思的逝世？请大家对比"马克思逝世了""马克思永远离开了我们""马克思停止了呼吸"这些相同意思的表达形式，作者用"停止思想"这样的表达有什么特别之处？

在上例中，语文教师在讲解课文《在马克思墓前的讲话》时，对学生进行了有效提问。这样的提问语，表现出教师对教材的深入研究，有助于学生抓住关键问题进行思考。

如果教师对于问题认知的层次较浅显，提出的问题就是无效提问。例如：有的语文教师在讲解课文《药》时提问学生"夏瑜被杀后，他母亲难不难受？"，讲解课文《祝福》时提问学生"祥林嫂值不值得同情？"等。这样的提问语，话语信息的价值度就很低，因为它们既不是知识信息，也没有明确的设问目的，更谈不上启发学生的思维，属于无效提问。

（2）可控的回答预期

课堂教学的提问语，一般有两种表现形式：一是限制性提问，即回答是可以控制的，可以预期结果，如"谁""何时""何地""何事"等；二是非限制性提问，即回答是不可控制的，无法预期结果，如"你认为如何""怎么样""为什么"等。

限制性提问和非限制性提问，由于回答的可控性和不可控性不同，所产生的表达效果也会迥异。限制性提问的回答相对容易，非限制性提问的回答相对较难。问题过易和过难都不利于启迪学生的思维。教师在选择提问方式时，要对学生在课堂上可能出现的回答做好充分的准备。无论学生怎样回答，都能够给予恰当的评判和引导。成功的提问语，能够将非限制性提问控制在一定的范围中，不至于出现完全偏离教学目标以及教师预期的情况。

（3）适时、适量与适度

时机恰当的提问，可以充分调动学生的思维活动，产生良好的教学效果。在课堂教学中，教师应该在最有利于促进学生思维活跃的时间进行发问。课堂教学中提问语的设置，可以是在讲解知识之前提出设问、在讲解知识之后提出反问、在问题的讨论过程中提问，以及在学生回答完问题后进行讨论式追问等。当然，每一种提问语的设置，都有不同的表达效果，教师可以依据教学实际，选择合适的提问语设置方式。

提问语的适量，是指教师使用提问语的总量和频率要适当，提问语的出现不能过于频繁，以免出现影响课堂教学效果的无效提问语。

提问语的适度，是指话语中提及的问题的难易程度，不能低于或过分高于学生的实际水平。良好的课堂教学提问语，往往呈现出水平递进的难度。

（4）恰当的语气语调

提问语的运用过程中，语气语调起着重要的作用。不同的语气语调会影响学生对问题的接受，也会影响教学的效果。设问的语气貌似在问，但主要是教师自问自答，目的是通过提问引起注意，在学生不得其解时开始作答。反问的语气其实是将答案寓于问中，带有肯定的甚至是不容置疑的意味。商量性的提问则是探讨的语气，比较平和而舒缓。

2. 提问语的建构

课堂教学中，提问语常用的构建方式主要有激发兴趣、引发思考和巩固强调等。

（1）激发兴趣式

激发兴趣式，主要是指运用疑问句将学生的注意力集中在一些异于常规、常理的事物或现象上，从而生发出一些悬念，让学生产生一探究竟的欲望。激发兴趣式提问语的特点，是学生会在问题的引导下进入学习，避免思维发生偏差。同时，为了解开疑问，学生也一直会保持高度的学习关注，有利于教学疑难点的解决。

（2）引发思考式

引发思考式，主要是通过恰当的疑问形式提出问题，给学生指明思考的方向，让学生带着问题进行有目的的思考。通过这种方式建构的提问语，可以避免学生因知识水平、思维能力的限制所带来的学习盲目性，也能增强学生的探索意识，进行创造性的学习。

（3）巩固强调式

巩固强调式主要是将重要的知识要点融入疑问句提出的问题中，让学生通过回答问题，对所学知识进行强化和巩固。通过这种方式建构的提问语，其目的不在于解答疑惑，而是用提问的方式对知识进行总结、拓展和升华。

第二节　课堂教学口语技能训练

■ 训练目标及要求

1.掌握课堂教学口语的相关理论和基础知识，完成课堂教学口语表达训练，培养运用相关理论分析课堂教学口语相关问题及现象的能力，能够规范、准确地运用课堂教学口语组织和开展课堂教学活动，提高教师职业语言素养及语言运用能力。

2.研读"案例分析"，适时参加学校课堂教学活动观摩，揣摩课堂教学口语表达的技巧及规律。同时，注意拓展性地阅读相关文献资料，结合实际形成正确的认知。

3.进行课堂教学口语技能训练时，应遵循规约性原则、有效性原则和情境创设原则。

（1）规约性原则

课堂教学口语表达的规约性原则，主要包括语言表达体系的规约、语言表达内容的规约和语言道德的规约。

① 语言表达体系的规约。语言表达体系的规约，首先是指教师在课堂教学中要使用国家通用语言作为课堂教学语言，并严格遵守语言内部的结构规律及

运用规则。其次是指教师的课堂教学口语表达要符合教学本身已经形成的共识性规定。

② 语言表达内容的规约。语言表达内容的规约，主要包括政治性规约、教材性规约、现实性规约。

政治性规约：课堂教学口语表达要与党和国家的教育方针保持一致，坚持正确的政治立场和观点，弘扬真善美，传递正能量，引导学生形成正确的世界观和人生观。

教材性规约：课堂教学口语表达的内容必须忠实于教材，以教材为蓝本进行系统知识的传授，不得随意发表错误观点或故意标新立异。

现实性规约：课堂教学口语表达要关注现实重大问题，注意将课本知识与社会现实相结合，使课堂教学具有动态的发展性和时代性。

③ 语言道德的规约。教师在课堂教学中的言语行为，应符合国家、社会、民族、时代、职业等所要求的道德规范，言行雅正，不说损害师风师德、影响学生心理健康发展的话，严禁出现语言暴力现象。

（2）有效性原则

课堂教学口语的有效性原则，是指课堂教学口语所提供和包含的话语信息必须是有效的。

从信息表现特点的角度看，理性信息是话语信息的主体，也是话语最为本质的信息。理性信息是组成句子的词汇、语法本身具有的意义信息，其特点主要表现为：发话人实际想要传递的信息与编码形式所呈现的信息是一致的。课堂教学口语的有效性，其实就体现为通过语言单位的组合，规范、准确、完整地表达出教学主旨所要求的内容。

（3）情境创设原则

课堂教学口语的情境创设原则，包括场合性原则、适应需求原则和参与交际原则。

① 场合性原则。这一原则与课堂教学活动的特点有关。课堂是一种具有正式性、公开性和规定性的场合。这种特殊的公开场合，对教师口语表达提出了相应的要求。教师需要对自己的话语信息和表达形式进行甄别和选择，判断话题内容是否具有公开性和适宜性。

② 适应需求原则。这是指教师的课堂教学口语要根据不同的教学对象以及教学中学生的实际情况进行适时的变化和调整，不能简单按照一种模式或既定程序进行机械化的教学。

③ 参与交际原则。课堂教学强调和重视学生的体验与感受以及实际参与话语交际的过程。教师的课堂教学口语表达要立足于教学情境的创设，注意将学生作为话语交际角色引导参与到课堂教学过程中，从而加强学生对课堂所学知识的真切感悟。

4. 导课语、讲解语、结课语和提问语是课堂教学口语的主要类型，它们各自独立又互相联系，共同构成了完整的课堂教学口语表达。

在进行不同类型的课堂教学口语分项训练时，要全面回顾所学知识，及时查缺补漏。在此基础上，认真理解题目要求，抓住问题的实质，结合和运用相关理论对问题进行深入分析，既要掌握每一种课堂教学口语类型的特点和运用要求，又要关注它们彼此之间的关联性。

一、导课语表达训练

（一）训练提示

1. 导课语作为课堂教学的开端，在一堂课中占用的时间较少。因此，导课语的表达应注意以下问题：

（1）避免冗长，用较为精练短小的话语表达明确的语义内容。

（2）直击教学内容的核心问题，产生引导、启发、提示、强调和激发兴趣等表达效果。

（3）避免刻板、老套的表达，结合课堂教学内容，让口语表达具有新颖感和吸引力。

（4）导课语要与讲解语在话语信息上形成逻辑上的自然衔接，避免生硬拼凑。同时，还要关注与结课语之间的话语关联。

2. 导课语的构建方式主要有直叙型、描写型、虚拟型、结论型、议论型、悬念型、引语型等几种类型。建构导课语时，要根据课堂教学目标及任务，选择不同类型的导课语，并遵照不同类型导课语的构建要求组织话语内容。同时，也要注意结合不同学段、不同教学对象的实际，选取学生最容易接受的课堂教学口语表达方式。

（二）案例分析

【示例一】

今天我们要学习的这篇课文是《和时间赛跑》，学习这篇课文，重点要弄清楚几个问题：要和时间赛跑的人是谁？时间既看不见又摸不着，课文中的主人公是怎么跟它赛跑的呢？他与时间赛跑的结果是什么？

分析：这是直叙型导课语。教师直奔主题，用提问语将本节课的重点呈现出来，简单明了。学生可以快速建立思考的方向，带着问题进行听讲，有利于精力的集中和思维的激发。

【示例二】

这是一张忠厚善良、朴实慈祥的老人的脸。在那一道道深深的皱纹中，仿佛隐藏了一生的艰辛。眼睛有些昏花，但却安详，没有一点悲哀和怨恨，有的却是无限的欣慰和期望。你们看，他这双勤劳的大手，青筋罗布，骨节隆起，虽然粗糙得像干枯的树皮，但却很有力量。这就是我们今天要学习的《父亲》。

分析：这是描写型导课语。教师运用描写的表达方式，将课文《父亲》中重点人物的外貌特征进行了生动具体的再现，建立起了"父亲"的整体形象。"有着如此外貌的父亲，究竟是怎样的一位父亲呢？"学生便会带着好奇和疑问进行课程的学习。

【示例三】

同学们，假如你们弄坏了家里的东西，因为怕被父母责怪，你们会编个谎话说不是你们弄坏的吗？你们在这样做之前有没有想过，这样做对不对？或者这样做了会有什么样的后果？今天我们要学习的这篇课文叫作《诚实的孩子》，它会告诉我们答案。

分析：这是虚拟型导课语。教师用表假设的关联词开头，将学生日常生活中常见的现象与所要讲解的课程内容关联在一起，引发学生进行深层思考。这样的导课语，既有助于课文内容的理解，也有助于学生对自我日常行为的关注。

【示例四】

之前我们学过李白的"举头望明月，低头思故乡"，马致远的"夕阳西下，断肠人在天涯"，还有舒兰的"你满，乡愁也满"。这些诗句都是表达思乡之情的名句。在座的同学们中，有的就是远离家乡来这儿求学的，对于思乡之情深有体会。今天，我们要学习《故乡的榕树》，让我们一起感受作者对于家乡的眷恋之情。

分析：这是引语型导课语。教师运用学生之前学过的诗词作为开场，富有文采地创建了一种情绪和意境。导课语既温习了之前学过的知识，又富有深意地引出了课文的主旨内容，揭示和阐明事理，加强学生的认同感。

【示例五】

每个人都希望获得别人的尊重、赞许和认可，都希望能够交到真心对待自己的朋友。这都需要一个前提，那就是自己是一个诚实守信的人。只有具有诚实可信的优秀品格，用真诚、真心对待他人，才可能获得相同的回报。今天我们要学习的课文就充分说明了这一点。

分析：这是结论型导课语。教师一开头就将课文所揭示的观点和见解以论断的形式呈现出来，先统领再阐释。这样的口语表达方式，能够让学生围绕一个中心观点进行课文的学习，能够让理解不断深入。

【示例六】

美有各种各样的表现形式，但从心灵深处散发出来的美是最具光芒的。前几天的运动会，我们班的一个同学跑完步后不停地呕吐，有的同学看见后就捂住鼻子跑开了。这时，有几个同学忙着跑过去关切地询问，有的同学还帮着擦拭地上的呕吐物。这几个同学并不是咱们班上成绩最好的，但他们的行为却是值得称赞的，也是最美的。今天，我们就要来了解美的深刻内涵。

分析：这是议论型导课语。教师通过对一个事实的叙述和评论，阐明了自己的观点，也精练地点出了评论的根据。学生在教师观点的引导下进行课程学习，能更全面深入地理解课文。

【示例七】

大家知道，做了坏事的人都会躲着警察，谁也不会也不敢当着警察的面干坏事。可是，有一位叫苏比的孩子却偏偏这么做了。他为什么要这么做？结果又怎样了呢？让我们一起来看看吧。

分析： 这是悬念型导课语。教师将课文中最吸引人的内容置于导课语中，留下疑问，让学生产生一探究竟的迫切愿望。一旦学生带着疑问投入课堂学习活动，就会对疑问的答案产生深刻印象。

（三）技能训练

【**训练一**】结合你所学的专业，选择人教版七至九年级教材中的某一课题，分别用直叙型、描写型、虚拟型、结论型、议论型、悬念型、引语型的方式建构一段导课语。完成练习后，请回答下面的问题：

　　1. 你设计这段导课语的目的是什么？

　　2. 这段导课语是否实现了导课语激发兴趣、吸引关注、确定基调、启发思考等作用？

【**训练二**】结合课堂教学口语及导课语的相关知识，指出下列导课语的不足之处，并依据内容进行修改。

　　1. 六年级下册语文《腊八粥》导课语

　　同学们，你们吃过腊八粥吗？你们家的腊八粥都是用什么材料制作的？老师家乡的腊八粥就特别好吃。我们家乡的腊八粥是很有特色的，制作方法跟其他地方的不同。我大学毕业后来到你们这个城市教书，已经很久没有吃到家乡的腊八粥了。很想念家乡，也想念家乡的腊八粥。今天我们要学习的这篇课文就叫《腊八粥》。

　　2. 七年级上册地理《世界的语言》导课语

　　同学们，你们除了知道自己使用和掌握的语言外，没有关注过其他的语言，更不了解世界上到底有多少种语言以及这些语言都分布在哪些国家和地区。今天的学习内容就是要为我们解答这些问题的。语言可是个神奇的东西，它不仅是沟通交流的工具，还是不同国家和民族的传统、文化和历史。多掌握一门语言，就等于多了解了一种文化。所以，你们现在要好好学习英语，以后到了大学，还有可能学习除英语之外的其他外国语。

　　3. 六年级上册数学《圆的认识》导课语

　　日常生活中，大家都见过圆的东西，球、西瓜、我们的脑袋都是圆形的。之前我们还学习了长方形，现实生活中也有很多长方形的东西。同学们可以想想都有哪些长方形的东西。各种各样形状不同的东西充斥在我们的生活中，我们几乎每天都要接触到不同形状的东西。这些不同的形状都有自己的特点，你们平时要多加观察。今天，就让我们一起来认识一下"圆"吧！

【训练三】分析下列数学课的导课语，总结教师在构建导课语时有哪些值得学习的地方。

一位数学教师在讲列方程解应用题时，并不急于教给解题方法，而是先给大家讲了一段名人轶事——古代方程的墓碑。这样，精彩的开讲艺术，激起了学生对解方程的强烈兴趣。

师："两千年前，古希腊出了一位著名的数学家，他的一个很重要的贡献是用字母来表示未知数和用字母进行一些运算，这是近代符号代数的鼻祖，他写过三部书，其中最著名的是《算术》。这是一部很伟大的著作，它在历史上的重要性可以和欧几里得的《几何原本》相提并论。可惜的是，他的年龄和生平史书上没有明确记载，唯可供查考的是他那别具一格的墓志铭。全文是这样写的：'过路的人！这儿埋葬着刁潘都，下列数量可以告诉您，他一生度过了多少个寒暑。他一生六分之一是幸福的童年，十二分之一是无忧无虑的少年。又度过了一生的七分之一，才建立了幸福的家庭。五年后儿子出世，但孩子在世上的光阴只有他父亲的一半。数年丧子，老人真可怜，悲痛之中度过了四年，终于结束了自己的一生。'请你算一算，刁潘都活了多少岁，才和死神相见？"

待学生思考片刻后，老师在黑板上清晰、工整地写下课题。[①]

【训练四】新学期的第一节课即将开始，有的学生正襟危坐在静候，有的学生忙于整理新的学习资料，有的兴致盎然地交流，也有的神情茫然。请针对这一场景，为新学期的第一节课创设一段开场白。

训练要求具体如下：

1. 教师的点评应简要到位，不要做过多引申，避免冗长。
2. 注意快速引入正题，以突显后面所要讲述的目标和重点。
3. 化情景为问题思考，重视挖掘意蕴，自然过渡到所要讲述的内容。

---

① 国家教育委员会师范教育司组编（1994）《教师口语训练手册（试用本）》，北京：北京师范大学出版社，262页。

二、讲解语表达训练

（一）训练提示

讲解语是教师系统、完整地阐释教学内容的课堂教学口语，具有传输知识、解决疑惑、培养能力的重要作用。

1. 讲解语的整体结构要清晰完整

讲解语的构建，要始终围绕一个中心或主题进行讲解，避免杂乱无章、东拉西扯。注意将课堂教学思路的逻辑性体现在讲解语的逻辑性中，做到重点突出、主次分明。同时，在讲解的过程中，注意区分教学重难点，避免泛泛而谈。

2. 结合实际，选择恰当的表达方式

课堂教学中的讲解语，应重视表达的鲜明性、生动性和启发性。通常，讲解语可以运用叙述、说明、议论、描写、抒情等表达方式进行建构。不同的表达方式，有其不同的运用要求。在进行运用时，要遵循每一种表达方式的具体要求，充分利用其特点为课堂讲解服务。

（二）案例分析

【示例一】

教师：在我们学习具体的知识之前，我要先给大家讲一个寓言故事。大家知道，飞蛾总是围绕着灯光转的。可有一只不同寻常的飞蛾想改变一下自己枯燥的生活，它再也不想像其他的飞蛾一样终生围绕着街灯飞来飞去了，而是决心要飞向天上的星星。于是，它开始日复一日、年复一年地朝着星星拼命地飞扑。直到它老了，飞不动了，也没能飞到星星上去。可是，在一年又一年的飞扑中，飞蛾觉得自己去过那个星球了，它感到非常地满足和快慰。同学们认为这个寓言说明了什么？

学生1：飞蛾有坚持不懈的精神。

学生2：飞蛾不切实际，不自量力，空想自己做不到的事。

教师：这个寓言故事又让我想到了一个古希腊的神话。一位叫西西弗斯的人，他一生都在努力做一件事，那就是把一块巨石从山脚推向山顶。他的行为象征着人类寻求真理的过程。虽然没有人能够宣称他找到了终极真理，而人的追求和寄托就在于过程之中。在这一点上，飞蛾和人是相通的。

分析：以上讲解运用了叙述的方法。教师没有直接给出结论性的东西，而是通过两则故事的叙述，让学生在故事情节所蕴含的信息中去体会和思考问题，产生了触类旁通的表达效果。其实，故事本身不是目的，而是一种手段，是思考通向答案的桥梁。

【示例二】

水，是一种无色无味会流动无固定形状的液体，由氢和氧两种元素构成。水有三种状态：固态的水、液态的水和气态的水。沸点高、蒸发热大、热容高、反常膨胀、良好溶剂、能不断发生缔合是它的六大特性。水和生物有着至关重要的关系，所有的植物、动物和微生物都离不开水。地球表面有百分之七十左右的面积被水覆盖，它是人类得以生存的必要条件。

分析：以上讲解运用了说明的方法。教师对水的外部特征、构成元素、状态、特性以及它与人类、自然的关系进行了理性、客观的说明。教师的话语中，没有主观的自我判断和感性的成分，体现了说明性话语的中性色彩。

【示例三】

"想别人没想到的"是一种开拓进取的精神，更是一种优秀的创造性思维。首先，我们要敢于尝试，尝试前人没有尝试过的事物。有敢做第一个吃螃蟹的人的胆识和精神，才可能走出常规和过去，开创出新的天地，成就伟大的事业。现代社会飞速发展所呈现的一切都是人类不断开拓进取的结果。其次，只有"想别人没想到的"，才能最大程度地激发我们的创造力，让理想照进现实。牛顿就是因为关注了"苹果为什么会往下掉而不是往上飞"这样别人没有想到的问题才发现了万有引力。小到鲁班发明了锯子，大到莱特兄弟发明了飞机，都是"想别人没想到的"带来的结果。

分析：以上讲解运用了议论的方法。教师首先对"想别人没想到的"进行了观点呈现，接着从两个方面进行分析、评论和证明。这样的讲解语，能够启发和引领学生对问题进行思考，形成高度的认同感。

【示例四】

学生：老师，什么是"尴尬"？

教师：尴尬，表示一种困难的处境，它是一种心理的感受。就是那种让你或者别人感觉不是那么舒服、自在，不知道该怎么做的一种状态。比如说，你早上起床太匆忙，把T恤穿反了，衣服扣子扣错了，甚至可能穿了两只不同的鞋子。其他同学发现了，你就会有些尴尬。还有，你在街上看见一个人的背影，你以为是你以前的哥们儿，上去就搂着打招呼，结果是认错了人。这时，你也会很尴尬。再比如，你无意中约了两个有矛盾的同学一起出游，他们在不知情的情况下见面了，这时双方都会感到尴尬。你想象一下这些情景，就能够理解"尴尬"的意思了。

分析：以上讲解运用了描写的方法。教师通过情景描写，将学生带入具体、清晰的场景，使"尴尬"这种看不见、摸不着的抽象情绪变得具体化和外显化，激发了学生的想象，使其在情景中产生感同身受的情感体验和认知。

【示例五】

小文同学运用今天课堂学习的知识，生动形象地讲述了她的假期生活。听着她的讲述，我们仿佛也同她一起去到了令人流连忘返的泰国——湛蓝的天空、微微的热风、浩瀚的大海，还有绿椰树、白沙滩、异国他乡的风土人情，耳边还不时听到"以后我们每年都会有如此美丽的假期吗？"这动听的话语。这是多么令人陶醉的恬淡明媚的景象啊！

分析：以上讲解运用了抒情的方法。教师的教学内容是八年级上册英语"Where did you go on vacation?"。教师借助学生对自己假期生活的介绍，真挚、热烈地抒发了对自然之美的赞叹之情，深深地感染了学生，使学生对同学话语中所展现的"美"产生了共鸣。

（三）技能训练

【训练一】 以小组为单位，每名组员轮流完整地讲述一个故事。

训练要求具体如下：

1. 鲜明地呈现故事中的人物角色。

2. 情节线索表述清晰，人物关系把握到位，铺垫伏笔交代明确，能够让受话人轻松地把握故事的全貌。

3. 讲述故事时，注意适当的情感投入，以增强故事的感染力。

【训练二】以小组为单位，针对现实生活中"老人跌倒没人扶"现象，表达你的观点。

训练要求具体如下：

1. 观点要严密、明确，不能模棱两可。
2. 注意从多个方面对观点进行逻辑论证，增强可信度和说服力。
3. 语言表述要简洁、明了，避免晦涩、含蓄。

【训练三】根据观点"知己知彼，百战不殆"，列举1—2个例子。

训练要求具体如下：

1. 尽可能选择贴近现实的、鲜活的、符合受话人年龄及知识水平的例子。
2. 例子的选择要精当，要能为体现观点的核心服务。
3. 作为课堂教学中的例子，要有助于学生举一反三地领略感悟具体的知识，加深认知并获得启迪。
4. 举例子要抓住重点，避免一味地游移于细枝末节。

【训练四】结合你所学的专业，分别运用比喻、比拟、对照等修辞格，建构一段讲解语。

训练要求具体如下：

1. 话语表达生动形象。
2. 话语内容通俗易懂。

【训练五】运用恰当的表达方式，阐述下列句子，并使受话人有所感悟。每个句子的阐述限时2分钟。

1. 拥有好心境的人，才是真正的富有者。
2. 跋山涉水不改一往无前，山高路远但见风光无限。
3. 一生中最重要的事，就是要知道，应该在什么时候放弃好处。
4. 所谓礼貌，就是彼此调节到适当的距离。
5. 经常原谅别人的人，他的心田一定会保持滋润。
6. 聪明人嘲笑傻瓜，傻瓜也嘲笑聪明人，双方会感到同等的快乐。
7. 当你可以模仿潇洒的时候，正是你离潇洒最远的时候。
8. 除非你弯下腰，否则别人不可能骑上你的背。
9. 我们每个人都是无知的，只是无知的方面有别罢了。

10. 有时候，我们以为自己厌恶恭维，实际上，我们只是讨厌恭维的方式而已。

【训练六】 分析下列美术课《感受声音》的讲解语，总结教师在构建讲解语时有哪些值得学习的地方。

教师：大家都知道，声音是靠耳朵听的。我们用耳朵听声音，这不难，可要用画笔把听到的声音画下来就没那么容易了。要准确地"画"出声音，就要用心去感受声音。下面我们来听一听小鸟的叫声，请大家把听到的声音用一个词描述出来。

（播放小鸟的叫声）

学生1：小鸟的叫声是欢快的。

学生2：小鸟的叫声是热闹的。

学生3：小鸟的叫声是动听的。

教师：大家描述得很准确，下面就动手画小鸟，让老师从你们的画中感受到欢快、动听和热闹。

……

大家画得很不错，这是因为我们用心去感受了小鸟的声音，而不是单纯地画出一只没有活力的小鸟。我们生活的世界里有各种各样的声音，每一种声音都可以成为一幅画。我们用心体会，大胆创作，就可以描绘出不同的丰富多彩的声音世界。

【训练七】 以小组为单位，分析和讨论下列科学课《水的变化》的讲解语，总结这位教师在构建讲解语时存在哪些问题，并尝试重新进行表达。

对于水，大家都不陌生。我们生活中到处都离不开水，没有水，人类就不能生存。水可以以多种形态存在，它可以是霜、雪，也可以是雾和露，还可以是蒸汽。水有液态和固态，只要温度合适，液态可以变为固态，固态也可以成为液态。固态的水融化后就成为液态的水。水蒸气在遇到低的温度时就会结冰，这就是气态变成固态的情况；出太阳的时候，雪会融化，这就是固态的水变成了液态的水。所以，温度会决定水的形态。水是地球上最常见的物质之一，地球表面大约有71%的面积都被水覆盖。所以，水是地球能够有生命存在的根本。

三、结课语表达训练

（一）训练提示

1. 结课是课堂教学的最后环节，所占用的时间比较短。因此，进行结课语表达时，要注意避免长篇大论，重复啰唆。

2. 结课语的建构，有总结归纳、拓展延伸、练习巩固和承上启下等方式。训练时，要注意不同方式的具体要求，如运用总结归纳式结课语时，要提纲挈领，呈现出结论性的内容；运用拓展延伸式结课语时，应注意延伸的"点"和"面"要切合学生实际和能力，这样才能有针对性地进行引导等。

3. 结课语的内容要做到首尾语义关联，对前面提出的问题、讲解的内容有所关照和呼应。首尾语义关联的方法主要有：对开头提出的问题，结尾进行回答；对开头讲述的原因，结尾给出结果；开头提出观点，结尾进行总结和强化；开头讲述事件，结尾进行由此及彼的拓展延伸；开头描述现象及事物，结尾加以评论和观点呈现等。

（二）案例分析

【示例一】

同学们，今天我们学习了《枯叶蝴蝶》这篇课文，知道了枯叶蝴蝶的伪装是它们为了适应环境而不断进化的结果。枯叶蝴蝶因为善于伪装而濒临灭绝，这不禁让人同情，也让人感到悲叹。枯叶蝴蝶的"弄虚作假"是为了生存，最终也归于灭亡。现实生活中，也有很多弄虚作假的行为，这是和谐社会中的不和谐音符。我们身边或者我们自己有没有这种不良的行为？我们应该如何去面对生活中的假丑恶呢？

分析：这是总结归纳式结课语。教师通过对枯叶蝴蝶"伪装"特性的总结，引申到对现实生活中弄虚作假行为的否定，最后用两个问句提醒学生关注和修正自我的行为，维护和创造社会的美好。这种类型的结课语，观点明晰，指向明确，提纲挈领地表达了学习的目的。

【示例二】

有一位数学家说："一切立体的图形中，最美的是球；一切平面的图形中，最美的是圆。"今天这节课,我们初步感受到了球的"美"和圆的"有趣"。其实,圆的"有趣"之处还很多,比如,一张平面为圆的纸可以变成近似长方形的形状;还有,它没有长,也没有宽,怎么才能算出它的尺寸大小呢?这些都是圆有趣的地方。大家下去之后,可以去多发现圆的"有趣"之处,并尝试着自己解决这些"有趣"中所蕴含的问题。

分析:这是拓展延伸式的结课语。教师将圆的"有趣"拓展延伸到了课外,鼓励学生去更加深入、广泛地发现有关"圆"的知识。这样的课堂教学结课语,有利于激发学生不断深入探究的兴趣和激情。

【示例三】

今天我们的讲课就到这里了。课后,同学们还需要完成的作业是:

1. 梳理今天所学知识的重难点。
2. 完成教材第 65 页 1—3 题的练习。
3. 进行相关的拓展性阅读。

在完成以上作业的过程中,注意查找自己对知识理解应用的不足,查缺补漏。同时记录自己需要老师解答的问题,下一次课我们继续讨论。

分析:这是练习巩固式结课语。教师没有多余的话语,直接用布置作业的方式结束了课程。这种结课语简单明了,目的明确,话语信息含量适当,学生很容易接受。

【示例四】

今天我们学习的知识与下一次课要学习的"海陆热力环流"有密切的联系。同学们结合今天所讲的知识,下去思考这样几个问题。大家在电影中常看到这样的画面:一个身着长裙长发飘飘的女子站在海边,她面朝大海眺望远方,她的长发和长裙飘向身后……为什么长裙和长发都会向身后飘?是海风还是陆风吹的?是在白天还是在黑夜?为什么白天会吹海风?

分析:这是承上启下式结课语。教师通过创设情景,让学生利用本节课所学习的知识对即将要学习的知识进行提前思考。这样的结课语有利于学生将前后所学的知识融会贯通,也有利于学生对即将学习的知识进行有目的的预习。

（三）技能训练

【训练一】 根据下面的交际场景及相关提示，完成结课语练习。

1. 归纳总结式结课语

同学们，今天，我们学习了《师恩难忘》这篇课文，课文中的田老师是一位……

2. 拓展延伸式结课语

学习了《小壁虎借尾巴》这一课，我们知道了动物的尾巴都有不同的用途……

3. 承上启下式结课语

今天的学习让我们明白了，"全神贯注"是一种态度，更是一种精神……

【训练二】 以小组为单位，分析和讨论下列结课语存在的问题，并尝试重新进行表达。

1. 今天的学习就要结束了，老师希望你们明白学习的重要性，不要一天只想着怎么玩得开心，不把学习放在心上。将来你们长大了，一定会为今天的行为感到后悔。可是，到那时就什么都来不及了。这样的话我说过很多次，但有的同学就是听不进去。下课后，好好想想怎样才能把自己的学习搞上去。

2. 我们这节课学习了与三角形有关的线段，与三角形有关的线段的知识还是比较难的，有的同学听懂了，有的同学可能没有听懂。下节课我们还要学习与三角形有关的角的知识，这个知识点会比与三角形有关的线段的知识更难，大家要有思想准备。

3. 同学们，今天我们对昆虫有了初步的了解。昆虫很多，大家下去可以多找一些课外书看看，了解更多你喜欢的昆虫。

【训练三】 期末即将来临，作为教师，你需要向学生做一个课程总结。

训练要求具体如下：

1. 梳理出观点和事实，总结事物的突出特点，并逐一进行呈现。
2. 注意条理清晰地突出观点的正确性，体现出结论的明确性。
3. 话语表达要具有一定的激励性，点燃学生学习的热情和希望。
4. 立足实际，有针对性地指出存在的问题，引导师生共同思考。

四、提问语表达训练

（一）训练提示

1. 提问语是贯穿于整个教学环节中的教学用语，其作用为引发学生的关注和兴趣、提高注意力和获取信息反馈。提问语的表达，应做到语义明确、用词准确。提问语的表达还要讲求提问的时机、频率和策略。

2. 提问语的建构，主要有激发兴趣、引发思考和巩固强调三种方式。运用激发兴趣式提问语，要注意找准引发兴趣的"点"。运用引发思考式提问语，要注意引发的深度和广度的恰当性，把握好问题关涉的范围，难易程度恰当。运用巩固强调式提问语，要注意归纳和总结教学内容的重点和难点，将教学重难点融入提问语，让学生在回答的过程中对其进行巩固。

3. 建构提问语时，应注意避免无效提问，避免简单式的"对""错"回答，要让学生有话可说，有内容可讲，这样才能发挥提问语的功效。

（二）案例分析

【示例一】

一位教师在讲解二年级语文《白鹅背小兔过河》课文时，为了让小学生理解词语"宽厚"，便设计了这样的提问语：

天鹅、小鱼、青蛙和小兔子要到河的对岸去玩，但是，小兔子不会游泳。天鹅、小鱼和青蛙都争着背小兔子过河。小鱼和青蛙先背小兔子，结果小兔子都掉到了水里。最后，只有天鹅把小兔子背过了河。天鹅、小鱼、青蛙都会游泳，为什么只有天鹅能把小兔子背过河呢？课文中有一个词能帮助大家找到答案，大家现在开始找找是哪一个词。

分析：这是激发兴趣式提问语。教师运用提问语，激起了学生寻求答案的兴趣和欲望。因为天鹅的背很"宽"，不会让小兔子掉下来，因为天鹅的背很"厚"，能够支撑小兔子。学生通过寻找答案，明白了"宽厚"一词的含义。这样的提问语，符合小学生的认知水平，具有引导启发性，能够让学生在兴趣中完成问题的回答。

【示例二】

教师：读了《月亮心愿》这篇课文，你有什么感受？

学生：珍珍是一个孝顺妈妈的好孩子。

教师：课文中有哪些地方表现出了珍珍对妈妈的孝顺和关心？

学生：她放弃了自己特别喜欢的春游。

教师：她为什么要放弃春游？她想干什么？

分析：这是引发思考式提问语。教师的提问语，从一个"点"出发，层层深入，不断引导学生进行深入、全面的思考，并由表象深入到问题的实质。这样的提问语，有利于激发学生的思维，引导他们更进一步挖掘现象背后所蕴含的道理。

【示例三】

教师：今天，我们学习了"少年有梦"这一单元的内容，大家是不是都理解了"梦想"的意思？

学生1：梦想就是确定一个目标，然后努力实现它。

学生2：梦想就是美好的愿望。

学生3：梦想是激发我们生命的热情和勇气的动力。

教师：同学们回答得都很正确，说明大家对老师讲解的内容掌握得很好。少年的梦想是人类天真无邪、美丽可爱的愿望。它虽然总是和现实有一定的距离，有时甚至不切实际，但是人类需要这样的梦想，因为有了这样的梦想，才能不断地进步和发展。有梦想，就有希望。

分析：这是巩固强调式提问语。对"梦想"的理解，是本节课的教学重点，教师通过提问，进一步强化了"梦想"的含义，在巩固知识的基础上，引导学生积极编织人生梦想。

（三）技能训练

【训练一】辨析下列每组中A、B两个提问语在表达效果方面的区别。

1. A."战争"和"战役"的区别是什么？

    B.为什么不能把"战争"和"战役"混为一谈？

2. A.锋面雨有哪些特征？

　　B.有一种雨叫"锋面雨"，大家知道为什么要用"锋面"这个词吗？

3. A.你是不是听不懂我说的话？

　　B.是不是我没有表达清楚？

【训练二】对比教师甲、乙所使用的提问语，并根据提问语的建构要求，分别对教师甲、乙的提问语进行评价。

一位教师要给小学生讲解"图形的特征"。教师通过课件展示了一只可爱的小熊在造房子，不一会儿房子就造好了。教师的设想是让孩子们从小房子中发现平面图形。课件的画面定格后，教师甲、乙的提问语具体如下：

教师甲：小朋友，你发现了什么？看谁的小眼睛最亮。 学生1：我发现小熊的房子上没有窗户。 教师甲：真能干！其他小朋友还发现了什么？ 学生2：我还发现小熊的房子上没有门。 学生3：没有烟囱。 教师甲：你们可真棒！	教师乙：小朋友，你发现了什么？看谁的小眼睛最亮。 学生1：我发现小熊的房子上没有窗户。 教师乙：你的小眼睛真亮啊！如果你是小熊，你打算把窗户设计成什么形状呢？ 学生1：我打算把窗户设计成长方形，因为我家的窗户就是长方形的。 教师乙：好，那就请你用小棒把你设计的窗户的形状摆一摆。

【训练三】以小组为单位，分析和讨论下列提问语存在的问题。

一位教师在讲解三年级科学课《植物的叶》时，希望通过提问引出知识点"叶脉"。

教师：请同学们告诉老师，你们手中的叶子有什么特点？

学生1：有红色、黄色和绿色。

学生2：有的大，有的小，有的薄，有的厚。

学生3：有圆的，有椭圆的。

教师：这些叶子的共同特点是什么？

学生1：它们都是死了的植物。

学生2：它们都是老了从树上落下来的。

教师：我问的是，这些叶子的纹路有什么共同之处？大家再看看这些叶子的中间是不是都有一根线一样的茎?

【训练四】为下列文字的讲解设计 3—4 个提问语，达到提示学习重点、引发思考的目的。

1998 年，六岁的加拿大男孩瑞恩是一名一年级小学生。一天，老师在上课时讲道：在非洲，许多孩子没有玩具，也没有足够的食物和药品，甚至喝不上干净的水，许多人因为喝不上干净的水而死去。"我一定要为他们挖一口井！"小瑞恩暗暗下定了决心。起初，挖井的钱是靠他一个人做家务赚来的，在他的感召下，亲戚、朋友、邻居纷纷加入进来……随着时间的推移，他的心愿鼓舞了全世界六十多个国家的成年人，人们纷纷解囊相助。2000 年，瑞恩的第一口井打好了；2001 年，"瑞恩的井"基金会成立；2003 年初，"瑞恩的井"基金会已经为非洲挖了七十多口井。[①]

【训练五】根据句子的结构，疑问句通常可以分为是非问、特指问、选择问和正反问四种类型。是非问是在陈述句的基础上加上疑问语调或兼用疑问语气词进而产生疑问语气的一种问句类型，答案通常只有"是"或者"非"两种。特指问是通过疑问代词来呈现疑问点的一种问句类型，听话者需要针对疑问点进行回答。选择问是问中包含不止一种可供回答的选项的一种问句类型，回答时可以进行选择回答，也可以对选择项进行否定回答。正反问是问中包含正反两个选项的一种问句类型，常用于一些不太确定的事情。

请根据疑问句的类型及特点，以小组为单位，进行不同类型疑问句的造句练习，并比较不同类型的疑问句在语用功能上的不同。

---

① 教育部审定（2018）《道德与法治》（六年级），北京：人民教育出版社，10 页。

第三章 思想教育口语表达与实践

【学习目标】

○ 知识目标：

- 了解"思想教育口语"的含义，理解思想教育口语的功能，掌握思想教育口语的特点。
- 了解思想教育口语表达的类型，理解不同类型思想教育口语的特点。
- 掌握不同类型的思想教育口语表达的方式和方法。
- 掌握沟通语、说服语、表扬语、批评语、激励语、启迪语的建构方法，能在实践中加以应用。

○ 能力目标：

- 能规范、准确地运用思想教育口语组织和开展思想教育活动。
- 能发现和剖析日常思想教育活动中口语表达的问题。
- 能运用思想教育口语表达的基础理论，根据思想教育的内容及表达需要，恰当地选择沟通语、说服语、表扬语、批评语、激励语、启迪语等，在日常教育中有针对性地、创造性地使用各种类型的思想教育口语，有效地对学生开展思想教育。

【知识导图】

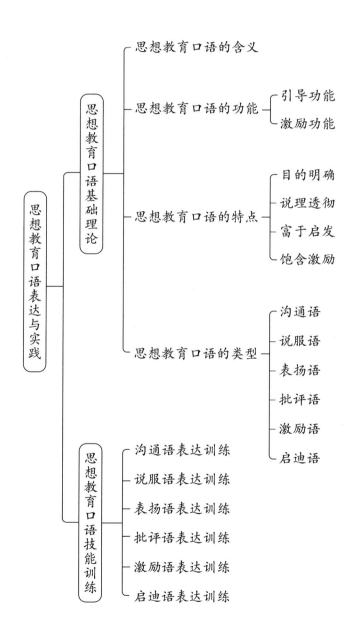

第一节 思想教育口语基础理论

一、思想教育口语的含义

思想教育口语，是指教师针对学生的思想道德、行为规范等进行引导和培育时所使用的具有说服力、感染力的职业语言。

"落实立德树人根本任务，必须将价值塑造、知识传授和能力培养三者融为一体，不可割裂。"[1] 好的思想教育口语能帮助学生塑造正确的世界观、人生观和价值观。

二、思想教育口语的功能

教师的言行对学生的健康成长与发展有很大的影响，这就要求教师在语言、情感、态度、价值观念等方面对学生进行持续的引导和教育。教师的思想教育口语具有引导和激励的重要功能。

（一）引导功能

引导是思想教育口语最基础也是最重要的功能。教师在充分把握学生实际情况的基础上，要善于发现学生的行为取向，针对其过程和结果对学生的思想及行为表现做出客观的评价，由此引导学生巩固好的行为，改进不足，完善自我。

（二）激励功能

教师通过鼓励、激发学生，能培养学生的自我效能感，使其在心理上产生

---

[1]《教育部关于印发〈高等学校课程思政建设指导纲要〉的通知》（http://www.gov.cn/zhengce/zhengceku/2020-06/06/content_5517606.htm，访问日期：2020年7月2日）。

一系列积极的反应并获得巨大而持久的前进动力。有效的激励可以更好地挖掘被激励者的自身潜能，促使其最终达到设定的相应目标。

三、思想教育口语的特点

思想教育口语是教师开展思想教育工作不可缺少的基本工具。好的思想教育口语，如春风化雨，不仅能规范学生的行为，还能启迪学生的智慧，使学生在潜移默化中得到品质的塑造和情感的升华。思想教育口语具有目的明确、说理透彻、富于启发、饱含激励等特点。

（一）目的明确

目的是行为主体根据自身的需要，借助意识、观念的中介作用，预先设想的行为目标和结果。明确目的是思想教育口语实施的重要前提，教师应根据教育目的，在具体的教育情境中，熟练掌握并准确运用思想教育口语技能，有针对性地对学生开展教育，从而提高育人效果。目的明确的思想教育口语可以帮助学生辨别真理和谬误，辨清高雅和粗俗，最终树立正确的世界观、人生观和价值观。例如：

某小学五年级1班，连续三年获得学校授予的"财产保管标兵班"荣誉称号。一天，该班的两位同学课间在教室打闹，不小心把饮水机打翻摔坏了。事后班上形成了两种不同意见：一种意见主张用班费购买新饮水机，但不要上报学校，继续保持班级"财产保管标兵班"的荣誉称号；一种意见则认为在购买新饮水机的同时，应该将此事如实地上报学校。作为班主任，面对此事该怎么处理呢？

对于这个问题，一种简单又快捷的处理方式是让同学们投票，依据票数的多寡来决定最终处理意见。这种方式看起来似乎很民主，但实际上却让教师失去了一次宝贵的育人机会。针对此事开展思想教育的关键，是把诚信和荣誉的关系论证清楚，引导学生在实际生活中正确处理二者的关系。如果教育目的不明确，实施思想教育的结果就变成了息事宁人，不仅不能对学生形成引导力和影响力，还有可能给学生形成不好的示范。

教师要坚持实事求是的原则，调查事实，掌握学生的真实想法，充分了解学生认识问题的根源，本着公平公正的原则，通过思想教育让学生认识到思想或行为上的偏差，心悦诚服地接纳教师的意见并且自觉端正认识，促发行为上的改变。

（二）说理透彻

说理透彻，就是指分析事理详尽而深入。说理透彻，能够使思想教育口语深入学生的内心，让教师的观点对学生产生较好的说服效果，为学生后续的行为修正做好准备。例如：

一个班里，总是有几个同学喜欢抱怨。安排座位的时候，这些喜欢抱怨的同学坐在前面嫌看黑板要昂着头不舒服，坐在后面又抱怨看不清黑板；坐在讲台附近抱怨要吃粉笔灰，坐在两边又抱怨看黑板的时候会反光。抱怨完地理环境，接下来又抱怨人文环境，比如前面女生的马尾摇来摇去会影响看黑板，后面同学喜欢上课讲话影响他们学习……

针对这种情况，教师用马斯洛曾经说过的一段话和学生进行了沟通：心若改变，态度就会改变；态度改变，习惯就会改变；习惯改变，人生就会改变……教师分析道："我们首先要改变自己而不是改变别人。有一个故事说的是一个年轻人听说山里有一位隐士会移山之术，于是前往求教。隐士带着年轻人朝着一座高山走去，翻过了高山来到山下以后，隐士对年轻人说：'这座山刚才在我们左侧，现在已经移到了右侧，这就是移山之术。客观环境是很难改变的，最容易改变的就是你自己。'这就是所谓的'山不过来，我就过去'。我们不能改变太阳的东升西落，也不能改变四季的更替，但是我们能改变面对客观环境的心态，心态改变了，态度和行为就会发生改变。为什么要坚持自己的固执去对抗不易改变的客观环境呢？"[①]

---

① 整理自：钟杰（2012）《班主任德育预设技巧66招》，北京：北京师范大学出版社，180—182页。

案例中的教师用名人总结的人生道理配合讲故事的方式，循循善诱，使观点和结论相互呼应。具体生动的表达与详尽的分析易于引发学生对其观点的认同感，从而产生思想和行为上的改变。

（三）富于启发

启发就是指开导心智，使之领悟。给学生充分的自我思考的空间，是思想教育口语启发性目的之所在。正如课堂教学不能满堂灌一样，思想教育口语的适当"留白"也是很有必要的，它可能胜过苦口婆心的千言万语。例如：

教师在面对那些踏实奋进成绩却一时上不去的学生时，如何去帮助他们继续点燃心中的火苗呢？用一个隽永的小故事，告诉他们"珍珠历经了漫长的痛苦的磨砺、沉寂后才成就了生命华美的乐章，世间珍贵的东西就像珍珠一样是慢慢长成的"。面对正在经历困难和挫折的学生，告诉他们"困难与挫折就像一把打向坯料的锤，打掉的是脆弱的铁屑，锻成的将是锋利的钢刀"。面对交友不慎的学生，告诉他们"近朱者赤，近墨者黑"的道理。面对经历失败情绪低落的学生，告诉他们"每一次失败的后面都是宝贵的经验财富，试错是通向成功的必经之路，放手前行，只有向前才有成功的可能"。

启发性的思想教育口语体现了教师以人为本的教育理念。教育者要尊重学生的主体地位，充分发挥他们的积极性、主动性和创造性。启发性的思想教育口语不仅能激发学生智慧的增长，使学生成为人生智慧的主动追寻者，而且也有利于学生健全人格的形成与综合素质的提高。

（四）饱含激励

激励，即激发鼓励。在运用思想教育口语时，理性认知与情感沟通相辅相成才能达到好的教育效果。因为受教育者对存在问题从理论认知到行为实践的转化不是直接达成的，其间需要经过情感和意志等因素的相互作用和影响。饱含激励的语言和情感的沟通与互动，能够在实际的教育过程中较好地调控学生的不良情绪和消极心理，使学生产生自我鼓励的积极心理，从而更好地挖掘自身潜能，促使其最终达到设定的相应目标。例如：

某同学经常上课睡觉，下课打闹，抄袭作业，考试作弊，对班级事务毫不关心……但是他却很有音乐方面的天赋，一次他参加了年级声乐比赛，演唱获得了一等奖。教师把他的奖状在班里进行了公开展示，并让他在班会课上当众演唱了获奖的歌曲。当班里响起掌声的时候，教师马上对他进行了真诚的赞美和激励："你能把一首歌演绎得如此完美，相信你在其他方面也同样能够表现得棒棒的。下学期的艺术节，班级的集体演唱节目就交给你来组织了，期待你的优秀表现。"从此以后，这位"问题学生"突然像变了一个人似的，不但积极主动地带领同学排练，而且对待学习的态度和行为也发生了很大的变化。渐渐地，同学们改变了对他的看法。用他自己的话来说："老师和同学那么信任我，我要对得起这份信任。"

案例中的教师没有对"问题学生"保持刻板印象，在发现其闪光点之后不失时机地对其进行了正面的激励，使其产生了积极向上的心理。接着通过具体任务让学生自主地开发自身潜能，筑牢正面的心理机制，在后续的行为表现中持续地进行自我修正，产生了良好的教育效果。

四、思想教育口语的类型

教师应该熟练掌握并选择恰当的思想教育口语类型来对学生开展思想教育，提高思想教育口语的育人效果。常用的思想教育口语主要包括沟通语、说服语、表扬语、批评语、激励语、启迪语等类型。

（一）沟通语

沟通语，是教师在和学生的沟通活动中，为了建立平等的对话关系、创设和谐的教育情境所使用的一种思想教育口语。

第三章
思想教育口语表达与实践

师生之间良好的沟通是开展思想教育工作的首要条件。好的沟通语具有交流、协调、抚慰、释疑、引导等功能。在沟通过程中，有效的沟通语能够使教师很好地洞察学生的思想动态，了解学生的真实情况，抚慰学生的情绪，为他们释疑解惑，引导其解决问题。同时也能使学生较好地理解教师的思想教育意图，最终促使师生之间达成相互理解和相互信任。例如：

一天，小明和隔壁班的同学在课间玩闹的时候发生了肢体冲突。经了解，起因是小明和这位同学玩闹的时候，该同学骂小明的班级是垃圾班，小明觉得自己的班级受到了侮辱，于是很生气地打了这位同学。班主任在认真调查了事情的前因后果之后，让小明来到办公室进行了一次沟通谈话。

班主任问："小明，今天发生的事情你可以跟老师细致地讲讲经过吗？"于是，小明把事情的前因后果告诉了班主任。班主任认真倾听后，不紧不慢地说道："你讲的情况其实我已经了解了，在你来之前，我就做了认真的调查。你是一个非常有班级荣誉感的同学，平时只要班级有需要你都会第一个挺身而出，老师和同学们都为你的这份集体主义感感到欣慰和骄傲。这也说明了我们的班集体是一个温暖友爱、团结协作的集体。在这里，老师要谢谢你平日里为班集体做出的贡献。今天，一班的这名同学出口伤人，对我们的班级使用了带有侮辱性的词语，伤害了你对班集体的感情，这是非常不应该的。我已经把这件事告知他们班主任，稍后他们班主任会找他谈话。但是解决问题的方式是多元的，你在情绪激动的情况下采用了暴力方式来解决问题，虽然我们能理解，但并不代表这种行为是正确的。你觉得呢？"

在这个案例中，教师在事情发生后不是急于批评学生，而是先认真调查了事件发生的原因，在客观分析了整个事件之后才找当事人谈话。谈话的开篇教师并不急于发表自己的看法，而是先给学生发声的机会，在整个过程中都认真倾听，没有打断学生的话语，给学生提供了一个缓解压力、舒缓情绪的空间。接着，教师对学生真诚地表示理解，增加了共鸣。最后，教师才对学生解决问题的不当方式进行了客观评价，并引导其修正，较好地促成了师生之间的相互理解和信任。

（二）说服语

说服语，就是教师通过摆事实、讲道理等方法影响和改变学生的态度和观念，引导其行为趋向预定目标时使用的一种思想教育口语。

说服语能激起个体对真、善、美的内在欲求。说服语的形式、内容及其所表达的意义要符合真、善、美的价值规范，体现对真、善、美的追求。从这个意义上来讲，说服语具有其他思想教育口语不可替代的作用。教师采用一定的方法通过有目的性的"说"使学生"信服"其观点，产生积极的心理和行为，并外化为实际的行动，最终促成其行为的改变。例如：

小刚同学不按时交作业已经好几天了，班主任经过调查后发现，小刚不按时交作业的主要原因是放学后去网吧上网打游戏，耽误了做作业的时间。一天放学之后，班主任把小刚叫到了办公室，对小刚说道："小刚，你一直以来都是一个很棒的同学，在班里乐于帮助同学，同学们都很喜欢你；而且你勤于思考，在处理问题方面善于抓住问题的核心。另外，你的体育成绩也很不错，经常在校运动会上获奖，这么聪明、逗人喜欢的同学怎么会经常不按时交作业呢？老师猜啊，肯定有什么原因。能不能告诉老师，我们一起来想想看，可不可以改善一下现在这种状况呢？"

小刚已经猜到班主任叫自己到办公室谈话的意图，以为到了办公室后肯定要被班主任狠批一顿，现在听到班主任这么友善地跟自己说话，不但没有批评自己，还说自己这好那好，反而不好意思了，就主动承认了错误，并告诉班主任自己上网打游戏有些成瘾的困扰。

班主任听完后对小刚说："其实，上网和打游戏也不是什么坏事，关键是看我们怎么正确对待。如果我们把它作为课后休闲娱乐的一种方式，找合适的时间来上网，其实它和学习之间并不冲突。比如：你可以用周末的一个固定的时间来上网打游戏，这样不但不会和学习时间发生冲突，而且你的父母也不至于那么担心了。当然，你现在的年纪，特别不容易克制自己，容易成瘾，我们可以想一些办法来慢慢改善。比如：由你负责制定每周上网的时间计划，然后跟父母商量，并请父母协助来监督你。你自己也要慢慢锻炼自己的克制力，其他时间应按质按量高效地完成学习任务。你试一试，看看这种方式有没有效果。

如果没有，你再来找老师，我们再一起想别的办法，好吗？"①

案例中的教师把引导学生对事理的认知作为关键，为学生具体地提出了正确处理上网问题的可行方案，有效地说服他朝着真善美的方向前行。整个过程中教师很好地发挥了积极情感的推动作用，消除了学生的抵触心理，让学生学会了正向处理问题的方式。

（三）表扬语

表扬语，就是教师对学生良好的思想品行给予肯定和赞扬时使用的一种思想教育口语。

相关研究表明：教师的表扬语对被表扬的个体和其他群体的后续行为表现具有良好的示范效应。教师的表扬会让学生产生强烈的愉悦的情感体验，增强自尊和自信，满足自己被尊重的需要，激发他们向上向善的内在驱动力，由此巩固并强化好的行为和表现，并对他们的后续发展产生积极影响。例如：

一次，某小学优秀班主任苏老师去上课，走进教室后，苏老师环视了一下全班同学，发现同学们已提前做好了上课前的准备。

苏老师心里不禁涌起了对学生的赞许之情，她马上用真诚的语言把这种情感表达了出来："上课铃响后，每位同学都能自觉地静等老师上课，准备好课程学习用具，这不仅反映出你们对老师十分尊重，而且学习态度也非常端正，这些细节也很好地证明了我们的集体是名副其实的'文明班集体'！"

听到老师的赞扬，学生们一个个都很高兴。

"同学们为什么这么高兴呢？"苏老师笑着问道。学生们纷纷举手，苏老师随意点了一名学生回答。那名学生站起来开心地说："因为老师对我们真诚的表扬和鼓励让我们打心眼里高兴。今后我们会更加努力，做得更好！"②

---

① 整理自：崔梅、周芸主编（2015）《小学教师语言》，北京：高等教育出版社，298 页。
② 整理自：王向阳主编（2010）《班主任实用口才经典》，长春：东北师范大学出版社，178—179 页。

案例中的教师及时对学生日常行为中容易被忽视的细节进行了表扬，激发了他们向上的内在动力，对他们良好的学习习惯的巩固和养成产生了正向推动力。

（四）批评语

批评语，就是教师对学生表现出来的错误思想或不良行为提出意见与建议，并帮助其改正时使用的一种思想教育口语。

由于受到知识和阅历等的局限，学生往往会对一些观点和行为缺乏分辨能力而产生错误的认知和行为，这就要求教师能及时发现问题，对学生的错误认知和言行给予否定的评价，提出改进的方法。好的批评语，能提高学生对是非、美丑、善恶的辨别和判断能力，激发学生的上进心，为他们的健康成长奠定良好的基础。例如：

数学课代表一边把收齐的作业交给数学老师，一边向老师汇报情况："余明同学今早到教室后没有第一时间交作业，而是抄袭了同桌作业，到早自习快要结束时才匆匆交了作业。"老师听完汇报后，表扬了课代表工作的认真细致，然后便把余明和他同桌的作业单独找出来，仔细地进行了查看，发现两人的作业几乎一模一样，甚至连出错的地方都是相同的。核查了情况之后，老师在课间把余明叫到了办公室："余明，今早我批改作业的时候，发现你的作业和同桌的作业太相似了，连错题都是一致的。这是怎么回事？"余明听完老师的问话，脸一下子红了，不好意思地承认自己确实抄袭了同桌的作业。老师听完后，语重心长地对余明说："抄作业背离了做作业的目的。做作业的目的不仅仅是为了完成老师布置的任务，更重要的是为了检查学习的效果。通过做作业，我们可以对已学知识进行消化和巩固，发现知识漏洞并及时弥补。你能承认错误，说明你很诚实、有担当，希望你今后在做作业这件事情上也能讲诚信，独立完成作业并及时巩固所学的知识。以后如果有不懂的知识点可以及时来问我，好吗？"

案例中的教师以开门见山的方式，直接阐释了做作业的目的和意义，让学生认识到自己行为上的偏差。同时，教师对学生抄袭作业的行为和承认错误的行为一分为二地进行了评价，能够引导学生巩固良好的习惯，纠正不良的行为。

（五）激励语

激励语，就是教师通过激发、鼓励，引导学生朝着自己设定的目标前进，使其不断成长进步时使用的一种思想教育口语。

当教师用激励性的话语对学生进行评价时，他们可以更好地挖掘自身潜能，最终达到相应目标。如果教师在实施激励性口语教育的同时还能采用恰当的激励手段，则能够明显地提高教育的效能。例如：

在批阅小雨同学的作文时，老师发现文章立意不错，用词造句也有自己独特的想法，但是整篇文章的字里行间夹杂着很多错别字。于是，老师把前两个自然段的所有错别字都圈了出来并在旁边工整地写上正确的字。后面几个段落，依旧圈出了错别字，只是没有改正。

发下作文那节课的课间，老师找到小雨对他说："你的这篇作文写得不错，立意新颖，用词准确，语言流畅，有自己独到的感受。但是因为错别字太多了，所以非常严重地影响了这篇作文的质量，让作为读者的我读起来有些吃力。今天回家以后，你借助字典把老师标注出来有错的字词改在旁边，明天老师将把你的这篇作文当作范文在班上讲评。"

受到老师的鼓励，小雨很快地按要求对错别字进行了修改。在作文评讲课结束后，老师又对小雨真诚地说："细节决定成败，对细节是否重视往往决定着是卓越还是平庸。有些一心想成就一番伟大事业的人，常常对细节不屑一顾，结果人生往往以平庸而告终。"经历了这件事情后，小雨变成了一个做事细心的孩子。

案例中的教师客观地对学生的作文进行了评价，找出了学生需要改进的方向和目标，并对他提出了具体的期望，很好地调动了这名学生的积极性。更重要的是，这位教师没有止于对事情的表层激励，后续又超越事情本身，对学生进行了更为深层的思想引导，提高了激励的效能。

（六）启迪语

启迪语，就是教师在开启学生的情感和认知，促进学生的积极自主思维，推动其进行自我教育时使用的一种思想教育口语。

好的启迪语能调动学生思维的积极性和主动性。启迪语的表达要善于创设问题情境，以承认并尊重学生的主体地位为前提，启迪学生对问题进行自主的深入的思考。例如：

王丹是一名从小得了脊髓灰质炎的孩子，他因此丧失了运动能力，也错过了很多发展的机会。身体的病痛使王丹感到自卑，总觉得自己不如别人。每年的运动会都是同学们最放松最开心的日子，可是这样的日子对王丹来说却很煎熬。随着学年运动会的临近，在同学们兴高采烈地积极备战时，王丹的落寞情绪与日俱增。发现这个情况后，某天晚自习，班主任把王丹请到办公室，和他展开了一次长谈。班主任给王丹讲了一个故事，并和他讨论这个故事背后的寓意。故事是这样的：世界文化遗产吴哥窟，地处热带，那里藤本植物发达。日久天长，藤蔓就把林中的石像勒出了一道道裂痕，需要文物专家对其进行修复。但是在修复的时候文物专家们发现了一个难题：要修复石像，就必须把藤本植物去除掉，而藤本植物被去除掉后，石像会因失去维系而裂成碎石……在班主任的启发下，王丹明白了一个道理：很多时候，曾经束缚或伤害我们的东西，在某种条件下却变成了一种正向力量。

在这个案例中，教师通过"吴哥窟难题"所呈现出来的情形，鼓励学生积极地去面对困难。教师用类比的方法启发学生去思考自己所面对的困境，让其悟得深意：当一个人把束缚自己的东西通过坚强的意志变成促进自己成长的动力之后，他就会拥有无穷的力量。这则启迪语的表达循循善诱，授人以渔。

第二节　思想教育口语技能训练

■ 训练目标及要求

1. 掌握思想教育口语的相关理论和基础知识，完成各种类型的思想教育口语表达的训练，培养运用相关理论分析思想教育口语相关问题及现象的能力，能规范、准确地运用思想教育口语开展思想教育活动，体现教师的职业语言素养及口语表达水平。

2. 研读"案例分析"，适时参加思想教育观摩活动，总结思想教育口语表达的技巧及规律。同时，注意拓展性地阅读相关文献资料，结合实际形成正确认知。

3. 进行思想教育口语技能训练时，应遵循针对性、客观性、引导性和艺术性原则。

（1）针对性原则

针对性原则要求教师根据学生个体的差异，因人施教，采用不同的思想教育口语表达方式达成既定的教育目的；根据教育内容的差别，使教育发挥应有的作用；根据不同的教育时机和环境，待时而动，伺机而起，达到理想的教育效果。

（2）客观性原则

客观性原则要求教师根据对具体教育事件的实际调查情况来进行客观的评价；教师对受教育个体应保持客观的态度，采用客观公允的口语表达方式，使思想教育工作发挥应有的作用。

（3）引导性原则

引导性原则要求教师根据教育目的由表及里、由浅入深、层层递进地进行引导，要注意口语表达的循序渐进性，不能过分着急，追求一蹴而就的效果；教师进行思想教育时要有正确合适的理论支撑与充分恰当的事实依据，帮助学生把正确的思想观念转化成实际行动。

（4）艺术性原则

艺术性原则要求教师要注意思想教育口语表达的灵活多样性；在具体的教育情景中另辟蹊径地把教育内容传达给学生，达到出其不意的教育效果；在表达时要有真挚的情感，使学生产生直接的情感体验。

4.沟通语、说服语、表扬语、批评语、激励语和启迪语构成了思想教育口语主要的表意功能类型。它们之间互为补充，共同服务于不同语境中的思想教育目的。教师要根据其不同的功能，围绕思想教育的目标，以学生的思想和行为等为特定评价对象，实施不同的言语策略，起到引导和激励的作用。

一、沟通语表达训练

（一）训练提示

1.沟通语的建构

沟通语的建构，要求教师在一种和谐的教育情境中，用平等对话的方式交流和共享信息，使学生较好地理解教师的教育意图，达成认知共识，起到了解和引导学生、促进师生之间相互理解和信任的作用。

教师在运用沟通语时，要注意站在学生的立场上看问题，避免主观臆断；要积极倾听、正确理解学生所提供的信息，充分了解其内心世界；要创造一种民主的交流氛围，淡化教师权威，实现师生之间的平等对话。

2.提升沟通语表达效果的方法

（1）认真倾听，增加共鸣

倾听是一种了解别人的方式，更是一种与人交往的智慧。善于倾听不仅可以避免主观臆断，而且可以给他人提供一种缓解压力、抒发情绪的通道。积极倾听有助于教师正确理解学生所提供的信息，了解其内心世界，做到有的放矢地沟通交流。

每个学生在表达自己的思想和内心感受时，都期望得到老师的理解。只有在感到自己的话能引起对方重视、有所共鸣的情况下，他才会敞开心扉。如果教师对学生的个人倾诉心不在焉，就会使其感到自己不受重视甚至得不到尊重，从而不再愿意表露自己的思想，使交流过程难以继续。

作为倾听者的教师，要注意在倾听的过程中不断地洞察学生的价值观念，深入地了解学生的情感特质，增加和学生的共鸣，为帮助、支持学生做好充分的准备。教师的认真倾听还有助于学生在交流过程中发现自己的知识、经验缺口和逻辑断层，从而打开深度思考和认知的大门。

（2）民主平等，增加信任

师生之间能够顺利沟通的前提，是双方之间存在着一种友好的交往关系，这就体现了民主平等在沟通过程中的重要性。因此，教师有责任和义务去创造一种民主的交流氛围，通过淡化教师权威以及实施对话沟通来实现从教师话语霸权向师生平等对话的转变。教师要把平等、和谐、尊重等教育理念贯穿到整个沟通语的表达过程中，让学生在平等尊重、自由和谐的思想教育环境下成长。同时，还要重视创造符合学生个体需求的人性化、民主的沟通语表达方式，让学生最大程度地感受到尊重，从而帮助他们发掘内在潜力，不断地肯定自我、发展自我。

（3）注重交流，双向互动

教育主体和教育客体的思想从来都不是两条互不相交的"平行线"，而必然是相互作用的。进入信息时代，学生接受信息的渠道非常多元，他们往往会以自己的评价标准对教师的思想教育内容和社会现象予以审视，形成自己的观点和看法，并希望得到注意和反馈。如果教师忽视和学生的互动，学生往往会感觉自己的见解得不到呼应和重视，从而不再愿意和教师继续沟通。

（4）坦诚相待，增加共情

共情是一种理解他人主观经验的能力。教师在聆听学生述说时，要尽可能地对学生的内心世界感同身受，并将这种共情及时传递给学生，使学生消除顾虑，敞开心扉。交流的双方如能使对方产生坦诚相待的感受，就能够形成互动式交流。教师要在沟通过程中想办法深入学生的内心世界，配合学生情感发展的实际需要，形成情感沟通的持续性，产生共情效果。

此外，教师还可以适当采用体态语来辅助有声语言进行传情达意，比如说运用身姿、表情、手势等，让学生更好地感受到教师的理解、支持和关心，增加共情效果，更好地完成沟通任务。

（二）案例分析

【示例一】

李雷和张明是同桌，李雷的心思细腻，张明的性格火爆。一次课间休息时，李雷不小心把自行车钥匙掉在了操场上，张明刚好看到就捡了起来，当时想叫住李雷，但他已经跑远了。等张明拿着钥匙回到班级准备给李雷时，李雷正在为找不到钥匙而生气，看见张明手里的钥匙，便不分青红皂白地说："谁让你拿我钥匙的？"张明被冤枉之后非常不高兴："不识好人心，谁稀罕你的东西，自己下楼捡去吧！"说完便把李雷的钥匙从窗户扔了出去。李雷见状怒从心起，与张明争吵起来。

当班主任听到同学的报告赶过来时，两人已经推搡在一起。班主任当即制止了两人的行为，把他们分别叫到办公室，仔细听两人陈述事情的经过。听着两人各执一词，班主任没有马上做出决断，而是先平复了两人的情绪，让他们先回教室。接着，班主任开始找相关的同学进行询问和调查。

全面了解情况之后，班主任再次把两人叫到办公室进行调解："你们这次发生争执的原因我已经了解了。张明在操场捡到了钥匙准备归还，李雷因为焦急没有经过太多思考，先入为主地认为是张明拿了自己的钥匙，因此言辞不当惹恼了张明。张明觉得委屈，但是没有及时解释，情急之下把钥匙直接扔下楼。结果发生了今天的冲突。所以，李雷主观臆断，误解了张明。张明冲动之下又激化了事态，导致了不必要的冲突。本来这是同学间互帮互助的一件好事，却因为你们两人的情绪和表达问题变成了乌龙事件。你们本来是很好的朋友，平时有困难的时候总是相互帮忙，今天的事情就是一个误会。老师希望你们重归于好，今后继续互帮互助。"

分析： 在这个案例中，教师在面对学生各执一词的事件时，没有主观地做出判断，而是认真地调查了事情发生的原因和经过，在了解清楚事件的前因后果后，当面和当事人双方进行了理性的沟通。教师在表达时遵循客观性原则，对两位同学的行为进行了公正的评价，沟通过程中坦诚相待，收到了较好的沟通效果。

【示例二】

体育教研室的一个新篮球被学生偷了。当确定是班里一位酷爱篮球运动的学生偷了篮球之后，班主任在晚自习结束后的自由活动时间，抱着一个篮球来到操场，找到了正在独自练投篮的这位学生："这个篮球，是我大学所在的校队代表学校参加全国大学生篮球联赛获奖之后，由主办方发给每位球员的，我一直保留到现在都没舍得用。今晚我俩用它来打个小比赛吧，不管输赢，这个篮球都归你。"

比赛结束，班主任以微小的分差领先，师生二人切磋球技，相谈甚欢。在回教室的路上，班主任对学生说道："小杰，你的篮球技术很不错，在这方面一定大有可为。老师把印刻着我学生时代篮球生涯闪光时刻的篮球送给你，就是想鼓励你通过自己的努力在篮球领域能实现自己的梦想，用正确的方式去获得你最想得到的东西。你应该也明白昨天体育老师找你谈话的原因了吧？你是个懂事明理的孩子，这件事你经过一天的反思一定也知道做错了。回头找体育老师好好认个错，并保证把篮球还回去。君子爱球，取之有道。老师随时都欢迎知错就改的学生，过后我也会再找体育老师沟通的。"[1]

分析： 案例中的教师在调查清楚事件之后，在一个适合的时机适合的场合找到学生，与之进行情感的沟通，"投其所好"地对其进行了教育。教师主动创设的良好沟通氛围淡化了教师权威，坦诚有温度的语言表达体现了对学生的充分尊重，师生之间产生了很好的共情。

（三）技能训练

【训练一】 霄健的爸爸是运动员，一直很重视培养他的运动能力，所以霄健擅长多项运动项目，一直是班里的"运动健将"。他经常代表班级去参加各类体育比赛，一般都能拿到不错的名次，尤其是在学校每年一度的运动会上，他几乎都能拿到两三个项目的冠军。但是为了鼓励更多的同学参赛并在比赛中获奖，今年的运动会学校规定每位同学最多只能参加两项比赛。霄健很想为班里争得荣誉，同学们也很看好他，于是在同学们的"支持"下，霄健准备代替班

---

[1] 整理自：严育洪、黄荣德（2017）《让后进生学习有后劲之36计》，南京：江苏凤凰教育出版社，46页。

级的另一个同学去参加比赛。班主任得知该情况后，找霄健进行了沟通。

【训练二】中午大扫除之后，教室焕然一新。可是到了下午，教室的后墙上突然出现了两三块足球印。班主任一再询问，同学们都默不作声。下课后，班主任和全班同学进行了沟通。

【训练三】李响的性格豪爽，平日在班上不拘小节，同学们和他相处融洽。一天，班主任发现他没有值日，而是由班里另一个同学代其值日。班主任问其缘由时，同学有点支支吾吾，似乎在有意遮掩什么。接下来的数周仍有同学替李响值日。经班主任调查发现，李响的父母经营了一个公司，家庭经济状况很好。同学替李响值日不是无偿的，他会支付给这些同学一定的报酬。班主任弄清事实后，决定找李响进行一次谈话。

【训练四】从小和父母关系疏离的田亮，性格孤僻，一方面不太愿意和同学交流，常常把自己过度保护起来，另一方面又怕被人冷落，常常做出一些调皮捣蛋的事情来引起他人的注意。在一次年级联谊会上，一位同学站起来抢答完问题刚准备坐下，坐在后排的田亮悄悄把凳子抽开了，导致这位同学摔了个仰面朝天。在场的同学都忍不住笑了起来，被摔的同学非常尴尬。事后班主任找田亮进行了沟通。

二、说服语表达训练

（一）训练提示

1. 说服语的建构

说服语的建构，要求教师采用适当的话语表达方式去激起学生对真善美的内在欲求，通过有目的性的"说"，使学生产生积极的心理，最终"信服"教师的观点并外化为实际的行动，改变原有的态度和观点。

2. 提升说服语表达效果的方法

（1）求真求善，灵活得体

教师在开展说服工作时，要灵活得体，要善于在生活中寻求真善美，并引导学生感受真善美，让他们最终朝着真善美的方向前行。

真善美的思想，要靠真善美的语言来进行传递。语言的"真"，包括语言内容的真实性、语言表达过程中情感的真实性等方面。教师的思想教育口语应做到实事求是，表达要立足客观实际由衷而发，具有真情实感，才能让学生信服。语言的"善"，是指教师通过有效的思想教育口语表达，引导学生的行为符合客观现实的目的和要求，同时提升其道德境界，追求高尚情操。语言的"美"是语言的"真"和"善"的完美统一。教师要多选用滋润学生的心田、能架起师生之间心灵桥梁的美言对学生进行教育，这样才能达到好的说服效果。

（2）寓理于事，生动形象

说服教育的关键是摆事实，讲道理。在运用说服语时，教师如果直接对学生讲抽象的道理，话语可能会显得苍白无力。如果能用浅显的事例来说明深奥的道理，用具体的论据来论证观点，就能生动形象地启发学生的思想觉悟，深化他们对事物本质的认识，增强说服语的表达效果。

（3）事例鲜活，贴近实际

运用说服语时，教师应该多采用贴近生活实际、鲜活的事实。只有回归到与学生紧密相连的现实生活中，结合时代背景、社会思潮和校园文化，在社会主义核心价值观的指导下充实和完善话语内容，才能产生真实、鲜活、生动的话语表达效果。

（4）融情于理，以情感人

思想教育口语的情感来源于教师对学生的无限关爱。一个真正关爱自己学生的教师不但能融情于理，还能以情感人。积极情感是促使正确认知转化成行动的催化剂。教师在进行说服教育时，要注重口语表达的情感效果，在话语形式中注入积极的情感，传递正能量。教师要发自肺腑、真诚地关心学生的思想困惑、心理问题和行为困境，不失时机地结合现实生活中的例子和自己的生活体验、人生感悟对学生进行引导，实现心灵与心灵的对话。

以情动人和以理服人的完美结合能产生更好的说服效果。有理有据、真挚且富有感染力的说服语，不仅能让学生感到亲切，激发他们的正面情绪和积极性，而且还能使他们乐于接受教师的观点，并以此反省自己的态度和行为，从而不断进步。

说理过程中的话语表达形式是灵活多样的，如可以用描写、抒情的方式表达自己的情感，也可以用反问、比喻、借代、排比等修辞方法来增强话语的感染力。

（二）案例分析

【示例一】

初一年级一位女同学标新立异，把头发染成了粉红色，引起了班里其他同学的热议。

班主任看到后没有急于评价，而是找了个合适的课余时间把这位同学带到了办公室，和颜悦色地对她说："头发颜色很有个性嘛！是觉得染了好看，还是因为其他什么原因呀？"女孩有些支支吾吾的，并不答话。班主任接着问："你周围的人觉得你的头发怎么样？"女孩回答道："我的朋友们都觉得挺好看的。他们也都染了。""哦，他们也染成粉色了吗？""他们染成自己喜欢的动漫人物的颜色，我就跟着染了。不然挺不合群的。""那你父母觉得好看吗？"这时，女孩有些愤懑地说道："他们才不管我呢！他们都在外地打工，只有过年才回来几天。平时只有奶奶和我在家。"班主任听完，明白了女孩染发背后的深层心理原因：父母不在身边，没人陪伴，特别需要来自群体的认可和关心，染发主要是为了维护和朋友间的友谊。

于是，班主任饱含真情地对女孩说："你的头发染了色之后还是挺有个性的，可是却不太符合中学生的行为规范和要求。你头发原本的颜色非常适合你的肤色，自然又漂亮。你的朋友们染发不一定要去模仿，真正的朋友不会用头发的颜色作为交友标准，而是在你需要帮助的时候，真诚地关心和帮助你。你可以让他们设身处地地为你着想，理解你作为中学生染发不符合校规的立场。你的父母忙于工作，可能疏忽了对你的关心和陪伴，但是咱也要换位思考，父母努力工作不就是为了给你创造更好的条件吗？他们有他们的难处，你现在长大了，也要多理解理解他们呀，和他们多打打电话谈谈心，主动增进和他们的感情。平时多找我聊聊，老师也很想和你做朋友。"

过了几天，班主任发现女孩的头发恢复了原来的样子。

分析： 在这个案例中，班主任通过交流洞察到了学生染发这个表象背后深层心理动因，很自然地走进了女孩的内心。教师情真意切的话语得到了学生情感上的认同，促成了其行为的改变。

【示例二】

这个学期，班里有一位男同学和一位女同学经常在一起讨论问题、聊天和打球，引来了部分同学的关注。最近，有一位同学在公开场合当面打趣他俩在谈恋爱，这位男同学觉得同学有意歪曲事实，很不高兴，两人因此发生了口角。事后，班主任单独找到了这位男同学。

见面后，班主任笑而不语，用圆规在纸上画了一个圆，然后问道："你看，这个圆的圆心与圆上任意一个点的距离是否相等？""当然相等了。一个圆的圆心与圆上任何一点连起来，它们之间的距离就是这个圆的半径，而且距离相等。"男生轻松地回答。班主任认真地倾听着，轻言慢语道："说得真好，其实我们每个人的人际交往不就像一个圆吗？在这个圆里，既有你喜欢的也有你厌恶的。你的人际圈画得圆不圆，就看你的半径是否一致。小智，以我对你的了解，以及我跟小美的交流，我相信你们没有在谈恋爱。但是，为什么你和小美的交往会引起同学们的议论呢？问题就在于你俩交往时的半径距离与你和其他同学交往时的不等。所以，我认为你与异性交往的距离没有把握好。为了防止不必要的议论和玩笑，我建议你今后和女生相处时，都把自己当作圆心，把其他同学当作圆上的任意一个点，这叫作等距离交往和一对多交往，如果你和每个异性同学都能保持相等的交往距离，那么就不会引起别人的误会了。"①

分析：在这个案例中，教师巧妙地创设了思想教育情景，将人际交往圈比作一个圆，利用圆的圆心与圆上任意一个点等距的特点，理性地说服了学生在跟异性交往时要把握好尺度的问题。教师的话语表达不猜疑，也不上纲上线，充分尊重了学生。

（三）技能训练

【训练一】王强同学酷爱街舞表演，平时喜欢参加各种和街舞有关的活动，还在省里拿过街舞大赛青少年组冠军，在学校他小有名气，不乏有一群同学粉丝。他给自己定的目标是要在全国获奖。为了达成目标，王强刻苦训练，

---

① 整理自：钟杰（2012）《班主任德育预设技巧66招》，北京：北京师范大学出版社，36页。

经常因为练习街舞或参加和街舞相关的活动而缺课。班主任准备找王强谈一次话。

【训练二】最近来了一位实习教师。作为职前训练的一环，班主任安排这位实习教师给学生们上几节课。当班主任到教室观摩实习教师教学时，学生们上课都很认真，但是当实习教师单独给学生们上课时，他们就表现得跟平时不大一样，甚至做出一些违反上课纪律的事。得知这种情况后，班主任准备和全班同学谈一次话。

【训练三】某同学平时表现良好，有很强的上进心。但是这个学期开学以来，老师发现他上课经常走神。一天，老师在批改他的作业时，发现错误百出。马上就要期末考试了，老师决定找一个合适的时机和这名同学谈一次话。

【训练四】班里有一名学习成绩优异的同学，因为经常不参与班级活动或不履行班级义务而被同学们疏远，但是她说自己不在乎，学习好就是一切，做一些跟学习无关的事是在浪费时间。一天，这名同学没有按时值日，劳动委员生气地来找班主任反映情况。于是，班主任决定找这名同学单独进行一次谈话。

三、表扬语表达训练

（一）训练提示

1. 表扬语的建构

表扬语的建构，要求教师采用适当的话语表达方式，针对学生良好的思想品行给予肯定的评价，对学生进行积极的正面引导，由此来增强学生的自尊和自信，从而强化、巩固学生好的行为和表现，并对其后续发展产生正向影响。

教师运用表扬语，应审时度势，实事求是，把握分寸，适宜适度；既不能因过度夸奖而引起学生的骄傲自满，也不能因话语信息空洞而引发学生的厌倦。

2. 提升表扬语表达效果的方法

（1）把握分寸，适宜适度

教师全面了解和掌握学生的优点和缺点，深入学生的内心世界，关注他们的细微进步，审时度势，是发挥表扬语育人效果的关键。当发现学生的认知、态度和行为符合教育目标对真善美的追求时，教师就可以寻找机会对其进行肯定和表扬，通过表扬来巩固学生好的行为和表现。在这个过程中，教师要采取适当的表达方法和手段，把握分寸，适宜适度，使表扬语发挥良好的效果。

（2）把握时机，得体得当

选择恰当的表扬时机，往往能达到事半功倍的效果。对于容易骄傲自满的学生，教师需要寻找到一个好的触发点再对学生进行表扬，这样能促进学生真正的成长进步，而不是让他们满足于单次的行为赞誉。对于不自信的学生，及时的表扬则可以帮助他们树立信心。另外，教师还应选择恰当的场合，对学生进行恰如其分的表扬，使其明确自身行为的价值，内化于心，对前行的目标更加明确。

（3）把握个性，色彩鲜明

由于学生之间存在着性别、年龄、性格、教育背景等方面的差别，会形成相对独立的个性。这就要求教师在对学生进行表扬时，必须强化话语信息的针对性，做到切合实际。针对不同特点的学生，运用个性化的表扬语，更容易让学生心悦诚服。

（二）案例分析

【示例一】

有一名高中文科生，文科成绩很好，但一直没有掌握好数学学习的方法，数学成绩在班级排名靠后。但是他没有放弃，一直很努力地坚持学习。最近的一次考试，他的数学成绩还是不理想，导致他有些气馁。数学老师把他叫到办公室，翻开了学生以往的成绩单，信心满满地说："你看，你这三次考试的成绩虽然都不是很理想，但每次你都有点滴的进步。比如这次就较上次提高了5分，虽然进步不明显，但是你的努力和上进是大家有目共睹的。你学习过程中所表现出来的坚持以及遇到困难不言弃的精神，老师觉得值得班里每一位同学学习。数学思维的培养需要足够的时间，学习方法也需要不断摸索，过几天，我会找适当的机会请数学成绩比较好的同学来分享一下他们的学习方法，你可以结合自己的情况有所借鉴。你慢慢总结，一定能找到适合自己的学习方法。今后在学习中遇到不懂的地方，及时来找老师问问题。"

分析：在这个案例中，教师面对学习成绩暂时落后的同学，更关注学生的学习过程，采取过程取向的表扬方式，肯定了学生在学习过程中的点滴进步和可贵的品质。同时，教师还真诚地提供了一些帮助的途径。

【示例二】

李丽同学在钢琴演奏方面很有天赋，经常在各类比赛中获奖。最近，她代表学校参加省里的比赛再创佳绩，给学校和班集体争得了荣誉。班主任非常高兴，在班上公开赞誉李丽同学："你弹出来的钢琴声犹如天籁，奏出了世间最美的乐曲，我会一直做你最忠实的听众。继续努力下去，以后你一定能成为贝多芬第二！我希望多年以后，我们班所有的同学都能自豪地对别人说：'台上的那个"贝多芬"，是我的同班同学！'"

分析：在这个案例中，教师对富有音乐天赋的同学进行了结果取向的表扬。由于教师运用表扬语的语境为班级公开场合，这就需要充分考虑该学生的具体情况，做到话语表达贴合语境，话语信息适宜适度。案例中教师的表扬语显得有点过度了，很容易滋长被表扬学生骄傲自满的情绪。而且李丽同学在钢琴方面的天赋也不具有普遍的示范效应，因此该教师的表扬语值得进一步商榷。

（三）技能训练

【训练一】 在一年一度的篮球联赛上，代表班级参赛的篮球队员经过艰苦的加时赛，最终以小比分优势获得了本年度的联赛亚军。班里一些同学对这个比赛结果表示遗憾，甚至在私底下针对个别球员的失误发表了一些不恰当的言论，给参赛球员带来了负面情绪。针对此事，班主任找来参赛同学，对他们说道：……

【训练二】 张超是一名非常善于思考的学生，对事物的看法经常有自己独特的见解。一天，教师在课堂上讲解某数学习题时，张超举手发表了自己对教师解题思路的不同见解，并对自己的解题思路进行了详细的陈述。虽然张超的最终结论不正确，但是教师觉得张超的数学思维非常棒。于是，教师在课堂上对张超说道：……

【训练三】 王航胆子很小，在课堂上从来不主动回答问题，今天他破天荒地主动回答了问题，而且回答得非常好。教师听完马上对他的回答进行了表扬。

【训练四】某男生平时性格急躁,在学习上缺少持之以恒的精神,遇到困难容易放弃,学习成绩在班上一直都不太好。一次,这名男同学参加了学校运动会的长跑比赛,在比赛的过程中,虽然身体有所不适,但仍然坚持不懈,最后取得了第二名的好成绩。班主任认为这是一个很好的教育契机,于是在学生领奖之后对他进行了表扬。

四、批评语表达训练

(一)训练提示

1. 批评语的建构

批评语的建构,要求教师对学生个体或群体所表现出来的错误思想和行为提出具体的意见和建议,并指出其错误本质,帮助学生进行改正。

批评不是目的,只是一种手段。因此教师要谨慎使用批评语,充分体现出对学生的尊重,切忌被特定场景下的情绪所左右,对学生进行单纯的消极评价,采用直接斥责的方式。这样不仅会伤害学生的自尊心,还易引发学生的逆反心理,严重时可能会造成师生之间的情感对立。

2. 提升批评语表达效果的方法

(1)调查研究,公正合理

教师在对学生进行批评之前,要先做调查,对事实进行充分的分析与思考,遵循公平公正的原则,采用恰当的批评语。切忌有失公允,导致学生产生抗拒心理。

在表达时,教师要避免单纯地讲大道理,而应就事论理,客观充实,通俗易懂,让学生明确问题的核心所在。

(2)正视错误,正面引导

大多数的学生都会有害怕出错、逃避批评的心理特点。教师应该让学生明白:人非完人,每个人都有缺点,都会犯错误,但只要能够正视自己的缺点和错误,虚心接受别人的批评和教育,弄清楚自己的问题所在,就能少犯错误。教师在批评的过程中要注意对学生进行正面引导,多选用积极向上、有引导教育意义的话语，使学生获得心理安全感，增强他们正视错误并改正错误的勇气和信心。

（3）尊重个体，因人而异

教师的言行会对学生产生重要的影响。教师要充分尊重学生的个性发展，仔细琢磨每一个学生的特质，分析学生对待批评的态度，进而采用恰当的批评语。

学生对待批评的态度经常呈现为四种类型。一是认同型。此类学生把教师当作权威，对教师的批评语表示认可和遵从，在接受教师的批评后会承认错误，并表现出改正错误的决心。二是抵触型。此类学生的逆反心理较重，不管教师的批评语是否合理，都表现出抵制的心态。三是质疑型。该类学生的自我意识比较强，会对教师的批评语做出自己的理解，认为合理的就接受，不合理的就表示质疑。四是逃避型。该类学生害怕教师的批评，常表现出隐藏错误、推脱责任、逃避责罚的特点。他们常常不能对自己的言行进行正确的归因，或是习惯性地将其归因为外部的因素。

教师平时要多与学生交流，准确把握不同类型学生的心理特点，或循循善诱，或开门见山，或点拨暗示，或借题发挥……只有因人而异，灵活地使用批评语，才能收到良好的效果。

（二）案例分析

【示例一】

班上有几个男生"烟民"，因抽烟的行为曾被几个教师批评过，但他们依然如故，弄得师生间很不愉快。一个夏天的晚自习后，学生刚回到宿舍，班主任就接到"内线"报告，这几个男生又在吸烟了。班主任假装检查寝室，将他们逮了个正着。几个人立即将烟灭了塞进衣兜里，神情显得很紧张。

班主任笑着问他们为什么抽烟。一个男生说："刚下晚自习，学习太累，抽根烟解解乏。"班主任继续问："抽烟除了可以解乏，还有哪些好处？"几个男生面面相觑，没有回答。班主任趁势说："你们白当'烟民'了！我来告诉你们。

抽烟的好处，一是永葆青春。因为年纪轻轻就死掉了。二是晚上防贼。夜里睡觉总咳嗽，贼还以为你醒着，不敢进来。三是夏天驱蚊。你那儿总是烟雾缭绕，蚊子肯定不敢接近喽。四是防狗咬。抽烟抽得天天弓着腰连咳带喘，狗还以为你要捡砖，不敢咬你。来，把你们的烟拿出来，大家一起分享。"几个男生听后惭愧地低下了头，先前答话的那个男生赶紧说："老师，我们错了。抽烟确实有很多害处。今后我们不抽了！"说完随即把他口袋里的烟掏出来，扔进了旁边的垃圾篓。①

分析：在这个案例中，教师避免了直斥式批评，切合当时的语境，用幽默的语言引导学生充分认识到抽烟的诸多害处，收到了良好的教育效果。

【示例二】

小林和小波平时在班里特别要好，有一天他俩却突然吵起来了。原因是：小林在作文里把小波告诉他的家庭隐私写了出来，让同学们都知道了。教师得知此事后，先找小波了解了情况，随后又把小林请到办公室谈话。

"小林，你能说说你对这件事情的看法吗？"教师问不守秘密的小林。"小波太小气了，这有什么啊，有后妈的同学多了。"小林答道。"在你们同龄人中，这种情况是不少。有许多同学也会不加掩饰大方地承认。但是，你设想一下，如果现在你的情况和小波一样，你愿意和同学们分享吗？"教师接着问。"不愿意。"小林犹豫了几秒之后肯定地回答。"那你为什么不愿意啊？"教师追问道。"这……这应该属于个人隐私吧。"小林想了一会儿说。

教师听到小林这么说，知道他已经意识到自己的问题所在，便说道："是啊，这就是个人隐私。你和小波相处得好，所以他愿意和你单独分享他的秘密，那是因为他信任你，但并不表示他同意你把这件事和其他同学分享。我之前找小波聊天的时候，他也提到：他希望你为他保密。其实，我知道你不是有意要伤害小波，在心底里，你还是把他当作好朋友的，只是在写作文的时候，你并没有意识到这可能会给他带来伤害，对吗？在这件事情上，你忽视了小波的个人隐私，无意间伤害了小波。老师希望你找个合适的时间真诚地去向小波道歉。

---

① 整理自：宋晓娟（2017）浅谈幽默与教育教学，《中学课程辅导（教学研究）》第 34 期，107 页。

你们一定会和好如初的，对不对？"①

分析：在这个案例中，教师在调查分析问题的基础上，站在学生的角度，引导其找出处理事情的不妥之处，使其学会正确地审视自己的问题，然后委婉地提出批评和解决问题的建议，故而容易引导学生去进行自我反思。

（三）技能训练

【训练一】 初一年级的早读课上，语文老师在教室里抽查前一天布置的课文背诵情况。在对被抽查小组进行检查时，大多数同学都不能熟练地进行背诵，要么结结巴巴，要么漏背句子或改变原文。见此情景，语文老师准备和同学们谈一次话。

【训练二】 班里有一位桀骜不驯的同学，经常因为一些小事跟同学发生不愉快。但是，这位同学口齿非常伶俐，每次都能为自己找到一些"合理"的理由，把同学怼回去。今天，这名学生又因为嘲笑同桌新配的眼镜，跟同桌发生了口角。班主任准备找他谈一次话。

【训练三】 进入初三年级后，各个科目学习任务增多，学生们学业压力增大。最近，班上有一些同学上体育课时故意请假，利用体育课时间去完成语文、数学、英语等文化课老师布置的作业。班主任了解到这一情况后，准备召开一次班会。

【训练四】 班上有一位同学不喜欢学习英语，经常在上课时做一些跟英语学习无关的事情，并且对英语老师的善意提醒不予理会。一次上课时，他偷偷地把课外书压在英语课本下面阅读，英语老师发现后在班上严厉地批评了他。但这位同学却认为这是英语老师故意找自己的碴儿。从此，他每天上英语课时都在找老师的"碴儿"。有一天，他发现英语老师在黑板上写错了一个单词，于是当着全班同学的面对老师大肆加以嘲笑。英语老师对该同学说道：……

---

① 整理自：姜荣奎（2012）《教师如何与学生沟通》，北京：中国轻工业出版社，61—63页。

五、激励语表达训练

（一）训练提示

1. 激励语的建构

激励语的建构，要求教师立足于学生自身的特点，掌握学生不同的需求，真诚地对学生提出希望和要求，激发学生的热情，激励学生不断进步。

教师在激励学生时，应注意语气坚定，并讲究一定的话语表达策略，通过语言去激发、鼓励、引导学生，使学生在心理上和行为上产生一系列的积极反应。

2. 提升激励语表达效果的方法

（1）明确目标，充实信心

要产生良好的激励效果，教师应从学生实际出发，设定好具有针对性的激励目标，最大限度地推动学生在实现自我价值的过程中，不断增强自信心，持续强化其主观能动性和创造性。

教师可以根据不同特点的学生针对性地分阶段设定目标：第一阶段的目标是比较容易达到的短期目标；第二阶段的目标，需要学生通过一定时间的努力才能达到；第三阶段的目标，属于比较长远的目标，需要学生有较强的持恒力，不断进步、不断完善才能达到。在第一阶段，教师要适时地创造目标达成的机会，减少学生失败的概率。进入第二阶段，教师要不失时机地鼓励学生的点滴进步，培养学生的自信心，让他们具备自我效能感。第一、二阶段目标的实现，会为他们实现第三阶段的目标奠定基础。到了第三阶段，教师要善于开发学生的潜能，让他们的能力得到充分展示，激发他们的内驱力。这个阶段也是使他们养成意志力和责任心等重要品格的阶段。

（2）正视挫折，及时疏导

学生在实现阶段性目标的过程中，不可避免地会遇到困难，经历挫折。教师如果不及时对其进行心理疏导，教给他们正确的处理方式，预先设置的目标就难以达成，更谈不上发挥激励作用了。教师在对学生实施挫折教育时，要灵活恰当地加以鼓励,提升学生的心理承受能力,使他们能够坚持去实现目标,培养其坚定的意志。

(3)了解需求,提高效能

教师在运用激励语时,要讲究一定的策略。由于个体心理发展程度不同,不同的学生具有不一样的需求,多元化的需求使学生的思想动机和相应行为呈现出多样化的特点。因此,有效的激励语应建立在对学生需求全面了解的基础之上,通过建构开放式教育模式来促进学生的自我发展。

(二)案例分析

【示例一】

二年级的语文课上,语文老师发现班里的"调皮大王"吴滔正在投入地摆弄着一个玩具,连老师走到他面前都没有发现。老师拿过他手中的"宝贝",轻轻地说道:"下课来我办公室一下。"

下课后,吴滔如约来到办公室,一边看着老师,一边瞅着他的玩具,一副很渴望拿回玩具的表情。老师趁势对他说:"我知道你很想拿回你的玩具,但是现在我们需要先做一个约定,如果你完成了我们约定的内容,玩具就物归原主,好吗?"吴滔一听,立刻就来了精神,使劲儿地点点头。"第一,第四节课是写字课,你要不写错别字,还要努力把字写漂亮。第二,把昨天你没完成的老师要求背诵的课文背熟。如果你做到了,今天下午放学老师就把玩具还给你。好吗?"老师话音刚落,吴滔就不假思索地答应:"没问题!"

下午放学老师检查了吴滔的写字本以及课文背诵的情况,发现完成得都很不错,于是如约归还了吴滔的玩具,并且不失时机地对他进行了激励:"以后课上要认真听讲,课下要按要求完成作业。你看,只要有目标,严格要求自己,你就能把学习任务完成得非常好,老师相信你的能力。"[①]

分析: 在这个案例中,教师针对学生的特点和需求,对学生提出了切合实际的努力目标,让学生在心理上产生了一系列积极的反应,激发了学生进步的

---

① 整理自:严育洪、黄荣德(2017)《让后进生学习有后劲之36计》,南京:江苏凤凰教育出版社,67—68页。

动力。

【示例二】

初三新学期开始了，学生们回到校园开始了新的学习生活。但是，学习委员李潇却显得心不在焉，对老师们的提醒也毫不在意。

班主任注意到这个情况后，先向各科目老师询问了李潇上课的情况，又询问了李潇的好朋友他平时的生活情况，这才弄清楚了事情的缘由：刚刚过完春节，李潇的父母就应企业要求早早地外出务工了。这对于每年和父母聚少离多的他来说，心里挺失落的，甚至产生了父母不再爱他的想法。

了解了李潇的情况后，班主任把李潇叫到了办公室对他说："最近，我听许多老师说，你上课时有些心神恍惚，经常不能按时完成作业。这和以前那个开朗活泼的你完全不一样呀，是不是生活上遇到了什么困难？还是跟同学发生了什么矛盾？说出来老师帮你分析分析。"这时，李潇低着头并不答话。班主任接着说："老师从其他同学那里了解到，你现在自己一个人在家，父母都出去工作了，是不是生活负担有点重，更主要的是你想爸爸妈妈了，对吧？"班主任一边说着，一边把手机相册打开，指着一张自己小时候和父母的合影对李潇说："这张照片，是我在你这么大的时候跟父母一起拍的。那时候，我的父母也同你的父母一样，经常在外面工作，一年到头只有春节的时候才回家。每当我看到别的同学有爸爸妈妈陪伴时，就会非常羡慕，有时候还会在夜里忍不住哭出声来，想着为什么别人都有爸爸妈妈的陪伴，受委屈时可以向爸爸妈妈哭诉，快乐时可以跟爸爸妈妈分享，而我却不能呢？但是，有一年假期，我去了他们工作的地方，看到他们每天都在辛苦地工作，自己省吃俭用，却总是尽最大的努力给我提供最好的条件。从那个假期之后，我开始有些理解他们了。他们这么努力地工作，不能每天都和家人待在一起，只是为了给我们创造更好的条件，让我们不必为生活担忧，能安心学习。而我们现在能做的，就是在没有父母陪伴的日子里，努力地把自己的学习和生活安排好，让他们不必为我们担心。更何况，身为一个男子汉，父母不在的时候，更是要担起责任。天行健，君子以自强不息。老师相信你一定会在父母不在身边的日子里安排好自己的学习和生活的。今后，学习和生活上有什么问题的话，记得要来找老师，毕竟老师也是这样过来的，我会尽全力帮助你的。"

分析： 在这个案例中，教师用自己的亲身经历真挚地对学生进行了心理疏导。在对学生表示理解和安慰时，不失时机地表达了对学生的期望和要求，既增强了学生的心理承受能力，又激励了学生。

（三）技能训练

【**训练一**】小兰平时课外阅读量很大，有较强的文字写作功底，每次写作文几乎都能拿高分，她的作文也经常被老师当作范文在班上与其他同学进行分享。但是，在这次考试中，小兰的作文得分却很低，严重影响了她的成绩。原来，小兰想要创新作文写作思路，但却偏离了主题。小兰备受打击，很长一段时间都对语文学习提不起兴趣。语文老师准备与小兰进行一次谈话，让她重拾作文写作的信心。

【**训练二**】学校即将召开运动会，除了参赛的运动员之外，班里其他学生都争着去当啦啦队员，谁都不愿意去做后勤服务，于是，班主任准备在班会课上激励同学踊跃报名。

【**训练三**】作为班里的学习委员，张敏不但学习成绩优异，还经常帮助学习有困难的同学。但是班里有一些把张敏视为竞争者的同学时不时会对她说一些风凉话。一天张敏找到班主任诉说了她的困扰，班主任对她说道：……

【**训练四**】王宁是一个非常热爱班集体的同学，只要是班里的事务他都很热心。新一届班委竞选马上就要启动了，他很想参加竞选，但因为学习成绩不够理想又犹豫不决。班主任准备找一个合适的时机激励他参与竞选活动。

六、启迪语表达训练

（一）训练提示

1. 启迪语的建构

启迪语的建构，要求教师根据学生的思想动向，通过引导其情感和认知，促使学生积极自主思维，实现自我教育。

教师在启迪学生时，语气要轻缓，要能运用一定的修辞手法或表达技巧，以达到授人以渔的目标。

2. 提升启迪语表达效果的方法

（1）尊重主体，以人为本

教师在运用启迪语时，要充分尊重学生的主体地位，洞察学生心理，激发学生的积极性、主动性和创造性，使学生真正成为人生智慧的追求者和自己命运的主宰。[①]

（2）授人以渔，循循善诱

教师在对学生进行启迪时，要重视"授人以渔"，要想方设法启发学生思考，调动学生参与思想教育活动的积极性和主动性，使学生成为自己智慧增长的推动者，最终实现"教是为了不教"的目的。[②]

（3）鼓励探索，开启智慧

运用启迪语时，教师要善于创设问题情境，让学生通过体悟提高分析问题、解决问题的能力。教师发现并让学生思考的问题并不一定要学生回答。教师只是通过"提问"来触发学生思考，让学生自己去经历探究问题的过程。这些问题大多是学生在学习、生活中遇到的真实问题，但问题长困于心，促使他们产生强烈的解决问题的欲求。对问题不断深入的思考，能够启迪学生在原有知识、经历和经验基础上不断去充实自己的答案，最终洞见事物的本质。

（二）案例分析

【示例一】

体型略胖的语文老师走进教室，看到黑板上画了一个惟妙惟肖的猪头，底下的同学都嬉笑不已。教师仔细审视了这幅画，并未生气反而和颜悦色地说："这幅画像画得非常逼真，不仅抓住了事物的关键特征，而且还很有创新，艺术性很强啊。看来，这位同学很有画画的天分。我建议这位同学多向美术老师请教，

[①] 董世建（2005）《论当代教育的启迪智慧趋向》，河南大学硕士学位论文，32页。
[②] 同上，46页。

充分发挥自己的绘画天赋,将来一定能有所作为。"学生们本以为老师会发火,此时感到有些意外。教师见势,话锋一转:"画虽然画得不错,可惜这节课不是美术课,现在我把它擦掉,好吗?"这时,一位男同学走上讲台,先向语文老师深深地鞠了一躬,然后拿起黑板擦擦掉了猪头。后来,这位同学精心画了一幅作品,送给语文老师表示歉意,并在老师们的启发和指导下,在后续的学习中努力开发自己的绘画潜能。①

　　分析:在这个案例中,教师并不是只关注恶作剧本身,而是在其中发现了学生的闪光点,借助其闪光点去启发学生正视自己需要改进的地方。这段启迪语,通过开启学生的情感和认知,促进其积极思维,进行自我教育,变被动为主动。

【示例二】

　　教师发现,班上有一名成绩优异的学生因早恋成绩一落千丈。于是,教师便在课余时间找这名同学谈话:"你有没有感觉今年的春天来得特别早啊?最近,老师在校园里散步的时候,看到教学楼附近有一片草地上长满了含苞待放的花儿,感觉它们都在默默等待着开放的最好时机。但是,它们当中有一朵花儿特别引人注目,好像是忍受不了等待的寂寞,焦急万分地提前盛开了。它娇艳地盛开了好几天,引来一些学生驻足观赏,但是在一个乍暖还寒的清晨,当我再次经过它时,发现这朵花儿终因没能抵挡住寒冷的天气而凋零了。你说,等到春意正浓,许多花儿都在那美丽的时节绽放出自己最美的容颜、享受着人们欣赏的目光时,那朵提前开放但早已凋零的花儿,会不会悲叹自己过早地开放呢?"

　　分析:学生的早恋,属于敏感话题,案例中的教师没有单刀直入地进入问题,而是借助花和人之间的相似点进行类比,间接启发学生理性思考事情的利弊关系。最后,再用提问的方式,进一步启发学生悟出道理:很多东西是美好的,但需要合适的时机来把握;作为学生,当前的任务是努力学习,提升自己,等待合适的时机去绽放,才能拥有真正属于自己的美丽。

---

① 整理自:林秀丽(2015)教师批评语技巧点滴谈,《科教文汇》2月下旬刊,115页。

（三）技能训练

【训练一】教室外面的公共走廊经常出现果皮、纸屑等垃圾。教师多次提醒学生要保持洁净，但很长时间以来走廊卫生状况并没有发生实质性的改变。一天课间，当再次看到走廊里的垃圾时，教师什么也没说，拿来扫帚就扫了起来。学生们见状很不好意思，急忙参与了进来。之后，教师把学生们召集回教室，对他们说了一段启迪语。

【训练二】小丽与小梅是班里学习成绩比较好的两名同学。小丽擅长文科，小梅擅长理科。两位同学平时关系还不错，可一到考试就暗中较劲。如果其中一位同学拿了高分，另一位同学的内心就久久不能平复，甚至会找"碴儿"攻击对方。今天数学成绩刚公布，小丽的脸上就挂不住了，她恨恨地看向小梅。这一细节刚好被数学老师看到了，他决定找两位同学开展一次启迪教育。

【训练三】冯智在班里的成绩一直名列前茅，但自从上了初二之后，对网络游戏产生了浓厚的兴趣，经常克制不住打游戏的冲动。有时，因为担心父母的阻挠，他就会在晚上熄灯后躲在被窝里玩。被父母发现后，冯智还多次跟父母发生了言语冲突。看到冯智的成绩不断地下滑，班主任决定找他进行一次启迪性谈话。

【训练四】晓晓从初一到初二成绩都排名年级第一，是老师和同学们公认的"学霸"。但是随着中考的临近，老师发现晓晓的情绪变化较大，经常对同学发脾气。家长也向老师反馈晓晓在家里的情绪有些反常。今天月考成绩公布，晓晓考得不太理想。下课后，老师发现晓晓一个人坐在教室的角落里偷偷抹泪。事后老师找晓晓进行了一次启迪性谈话。

第四章 教师交际口语表达与实践

【学习目标】

知识目标：

- 理解"教师交际口语"的含义及功能，掌握教师交际口语的特点。
- 理解教师交际口语的类型，理解不同类型教师交际口语的特点。
- 掌握不同类型的教师交际口语表达的方式和方法。
- 掌握教师与学生家长、同事、领导的口语交际技巧，以及教师在研讨座谈、工作联络中的口语交际规律。

能力目标：

- 能规范、准确地运用教师交际口语进行与教育教学工作相关的交际活动。
- 能发现和剖析教师在教育教学工作中存在的交际口语表达问题。
- 能运用教师交际口语的基础理论，提高自身的教师职业语言素养及口语交际能力。

第四章 教师交际口语表达与实践

【知识导图】

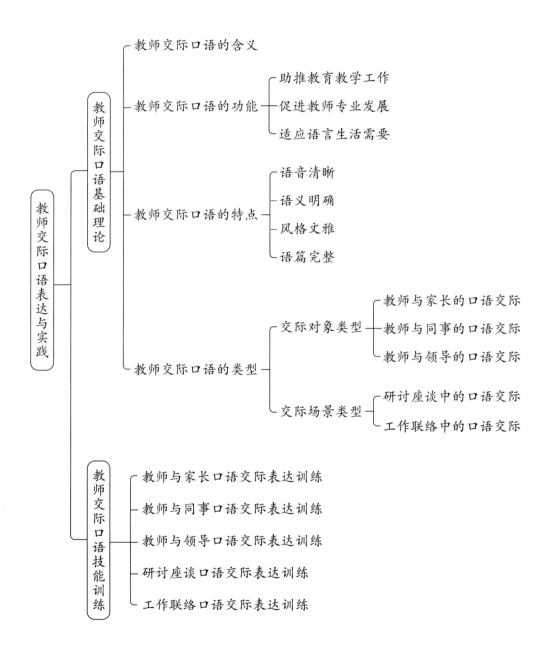

第一节　教师交际口语基础理论

一、教师交际口语的含义

教师交际口语，指教师在与教育教学相关的其他工作中，同非学生交际对象，如学生家长、同事、领导或相关单位工作人员等，进行交流和沟通时所使用的口语。

教师交际口语，同课堂教学口语、思想教育口语一样，都属于教师的职业交际口语。只有遵循真诚、谦和、得体的语用原则，关注交际双方话语角色定位的得体性、交际目的的达成度和交际任务的完成度，运用恰当的语速、文雅规范的词语、表意明确的陈述句、逻辑关系多样的复句，以及完整的语篇结构等，才能与非学生交际对象顺畅交流、有效沟通。

二、教师交际口语的功能

（一）助推教育教学工作

教师交际口语，一般出现在教师处理与教育教学相关的其他工作当中。如果教师能够根据具体的语境因素，在面对学生家长、同事、领导或相关单位工作人员时，说出令其满意的话，那么教师就能顺利完成特定的交际任务，实现特定的交际目的。

例如：与学生家长交流时，教师要能说服学生家长做好家庭教育工作，配合教师完成教学任务；与同事交流时，教师要能让交际双方处于愉悦的交际氛围中，建立良好的团队合作关系；与领导交流时，教师要能让领导信任自己的工作能力，让领导以"压担子"的方式使自己获得更多的发展机会；等等。

（二）促进教师专业发展

教师作为具有持续发展潜力的专业人员，应该树立起专家型教师的成长目标,不断地在专业思想、专业知识、专业技能等方面取得进步。为此,教师应养成终身学习的习惯,成为教育教学工作的研究者;同时,还应当结合自身实际,选择适合自己的专业发展道路,使个体的潜质得以充分发挥。

良好的交际口语能力,往往与教师正确的思想观点、价值取向、情感态度和言语行为密切相关,能够为其自身的专业发展创造条件,如通过与同事的和谐相处,可以组建科研团队,开展教育教学工作研究;可以增强感情,消除误解,化解工作矛盾或困惑等。

(三)适应语言生活需要

语言是人类最重要的思维工具和交际工具,就此而言,人类生活其实就是一种语言生活。随着时代的发展、社会的进步,普通话的推广和普及在全国范围内取得了显著成效;与此同时,语言生活中也出现了很多反映新思想、新观点的词语和句式,众多新媒体平台的话语表达更是显得灵活多样。

为了更好地融入当前的语言生活,同时也为了构建和谐的语言生活,教师需要重视并培养健康的语用心理、得体的言语行为,以良好的口语交际能力,与非学生交际对象交流信息、沟通情感、增长见识、启迪智慧,体现出教师作为文化教育领域语用主体所具有的高尚情操、专业素养和教育教学水平,从而在语言生活相关交际领域中建立起广泛的教育教学工作共识,促进工作质量的提升。

三、教师交际口语的特点

教师交际口语的运用,要受到教书育人这一特定的交际目的、交际场景的制约。因此,教师在口语交际中,往往会借助语音、词汇、语法、修辞等方面的运用技巧和规律,表达丰富复杂的思想感情,由此便形成了教师交际口语的特点。

(一)语音清晰

语音清晰,是教师交际口语最基本的规范。

首先,清晰的语音体现为字词的声韵调、词语的语流音变、句子的语调变化等都以普通话的语音规范为标准。如果发音不清晰、吐字不到位，那么就会造成受话人听觉上的疲劳，影响受话人对话语信息的理解和把握。

其次，清晰的语音与教师交际时的语速有关。例如：在正式的交际场景中，面对领导或年长的同事、初次接触的相关单位工作人员，说话速度可以慢一些；在轻松随意的交际场景中，面对自己熟悉的学校同事、学生家长或相关工作人员，说话速度可以稍快一点。

再次，清晰的语音还体现为适中的音量。教师可根据交际空间的大小、受话人的数量等，适时调整说话音量，让现场所有受话人都能清楚地听见自己的话语。如果音量过大，不但会使自己的声带疲劳，而且也会使受话人产生听觉疲劳。

（二）语义明确

教师的口语表达是为了满足教育教学工作的需要，明确的语义有助于交际双方明确话题、达成共识，提高工作效率。因此，教师在表达中不仅会大量使用全民通用词语，体现出词语运用的广泛性和通俗性，而且还会出现一些教师职业专用词汇，如"校长""班主任""备课""板书""监考""班会"等，体现出词语的专业性和专用性。

（三）风格文雅

教师交际口语的运用，往往会受制于各种社会规范。从宏观方面讲，要受到国家政策法规、职业道德标准、课程教学标准等的制约；从微观角度看，要受到交际情景、交际对象、交际目的、交际任务等的制约。为了清晰、准确地表情达意，具有良好知识文化素养的教师就会倾向于使用一些具有书面语风格色彩的词语，而较少使用口语色彩鲜明的语气词、叹词等；高频率使用结构完整、表意明确的陈述句，以及反映各种逻辑事理关系的复句。这就使教师的交际口语呈现出了文雅、规范的风格色彩。

（四）语篇完整

教师交际口语不同于一般交际口语，它是在与教育教学工作相关的语境中产生的，交际目的明确，话题内容集中，语篇结构相对完整。例如：教师与学生家长的交流，往往基于向学生家长反馈学生思想、学习、行为等方面情况的交际需要。交际目的和交际对象指向明确，交际时间不太长，只要交际任务一完成，交际活动即宣告结束。整个口语交际过程，常常表现为一个轮流发言、结构完整的语篇，体现出教师口语交际活动的针对性和实效性。

四、教师交际口语的类型

教师交际口语，可以根据不同的交际对象和交际场景，划分为不同的类型。

（一）交际对象类型

根据交际对象，教师交际口语可分为教师与家长的口语交际、教师与同事的口语交际、教师与领导的口语交际等类型。

1. 教师与家长的口语交际

学生的成长离不开学校和教师的教育，也离不开学生家长、学生家庭的教育。作为父母或监护人，家长对子女的成长承担着相应的教育责任。通过与学生家长的交流和沟通，教师可以全面了解学生的基本情况，采取家校联合教育的方式来提高学生管理的效率。

教师与家长的口语交际，一般可分为教师与家长的个别谈话、教师与家长群体的谈话两种类型。

（1）教师与家长的个别谈话

教师与家长的个别谈话，交流形式多种多样：可以是教师亲自登门进行家访，也可以是教师通过电话与学生家长进行交谈，还可以是教师邀请学生家长到学校来交换意见；有时还会出现学生家长主动联系教师或到学校拜访教师进行谈话的情况。

根据交际目的，教师与家长的个别谈话又可分为了解性交际活动、专门性交际活动和情感性交际活动三种类型。了解性交际活动，用于教师了解学生家长、家庭的基本情况，以及学生在家里的基本情况，适用于大多数学生家庭。专门性交际活动，是教师针对少数学生的特殊问题与其家长进行的口语交际活动，适用于有特殊表现的学生。情感性交际活动，是教师与学生家长交换信息、沟通情感的交际活动，适用于家校联合教育过程中存在误解或分歧、与学校教育配合度欠佳，或者是突发意外需要看望、慰问的少数学生家庭。

了解性、专门性和情感性这三种类型的交际活动，并不是截然对立的关系。了解性、情感性交际活动是教师开展专门性交际活动的基础和前提，而专门性交际活动则有助于教师验证和反观了解性、情感性交际活动所获得的认知。

一般说来，教师与学生家长的个别谈话具有以下特点：

① 语用态度真诚。教师与学生家长交际时，应采取平等待人、友好相处的交际态度，一方面要自然、亲切地与学生家长推心置腹，另一方面则要耐心、诚恳地倾听学生家长的讲话。在具体交谈的过程中，教师不能过于刻板严肃、以专家自居，也不能借机告状、推卸责任。在正式交谈前，教师可以先跟家长说说孩子或班上的趣事，或者询问一下学生的家庭表现等；当提出家校联合教育的办法和措施时，教师宜采用商量的口吻；当学生家长不认可教师的观点或意见时，教师应保持沉着和冷静，巧妙化解交际双方的话语冲突。

② 谈话方式灵活。教师与学生家长的交谈，往往会因人而异。对于文化修养较高或比较熟悉的学生家长，教师可以开门见山，直接抛出话题；对于严厉、急躁的学生家长，教师可进行换位思考，语气诚恳，以免受话人产生抵触情绪；对于溺爱孩子的家长，教师可以先说学生的优点，然后再引入正题，最后强调家校联合教育对孩子成长的重要性；对于放任不管的学生家长，教师应将交际重点放在改变其思想观点、教育理念等方面；对于文化水平不高的学生家长，教师宜采用日常化的生活口语，使对方产生一种亲近感。

③ 交际策略恰当。首先，教师作为口语交际的主动方，应熟悉学生的基本情况，了解学生家长关心的话题，如小学生家长一般关注孩子学习习惯的养成；中学生家长对升学、游戏、早恋等问题更感兴趣。其次，教师在言行中要流露出对学生的关爱，以肯定性表达为主，不可当面数落学生，也不能在同班学生之间进行横向比较。如有必要，教师也可在与家长交流时邀请学生在场倾听。再次，教师的语用方式要因人而异。对于成绩优异的学生，教师的鼓励要适可

而止，同时善意地指出其教育建议；对于表现中等的学生，教师可借助具体事件向家长反映孩子的优点，提高家长对子女发展潜力的认知；对于表现较差的学生，教师应尽量选择学生进步时与之交流，不能只盯着学生的短处，更不能小题大做，把学生说得一无是处，伤及学生及其家长的自尊。

（2）教师与家长的群体谈话

根据工作需要，教师需要定期或不定期地召集学生家长，针对某些具有普遍性的问题进行交流和沟通，即召开家长会。教师与家长的群体谈话，就是教师在家长会上的公开讲话。

教师与家长的群体谈话，内容多为介绍学校概况、班级的基本情况、学生成绩及在校表现、需要家长配合解决的问题等。因此，教师的发言和讲话要重视主题明确、事例恰当、分析精确、情感真挚、逻辑严密等方面的要求。

教师召开家长会时的口语表达，具有以下几方面的特点：

① 公平公正。学生家长是教师开展教育教学工作的支持者和配合者，教师的讲话要顾及所有学生家长的心智神态，客观、公正地对待每一位家长：重视摆事实、讲道理；不能在家长会上公开比较学生的学习成绩或在校表现；不能把家长作为学生过失的根源，更不能把学生家长作为训斥的对象；不能过度泛化某位同学的问题，甚至将其上升到影响班级、学校名誉的高度。这样既能维护家长的自尊心，又能让家长感受到教师理解孩子、关爱孩子的用心，从而对教师产生信任感，乐意配合教师完成任务。

② 点面结合。家长到学校参加家长会，主要是想了解孩子在学校的学习及表现。教师要根据"一对多"的口语交际特点，采取以点带面、点面结合的方式，既要有一般性的概况介绍，又要有重点性的专项说明；话语表达既要符合事实，又要含而不露，点而不破；既要做到让学生家长心中有数，又要做到不扫学生家长的面子。面对社会地位较高的学生家长，要不卑不亢；面对经济困难的学生家长，不能不屑一顾；面对成绩优异的学生家长，不能喜形于色；面对成绩中等的学生家长，不能敷衍了事；面对成绩落后的学生家长，不能奚落嘲讽。

③ 浅显易懂。教师在家长会上的讲话切忌冗长，避免将班级、学生的情况事无巨细地开列清单向家长汇报，更不能向家长大发牢骚，要学会将成绩归功

于学生及其家长，把不足之处归绺于自己；懂得换位思考，从家长的接受心理和接受能力出发，遣词造句口语化，语气语调张弛有度；注意从家长的发言中吸取有效的信息，为开展教育教学工作奠定基础。

2. 教师与同事的口语交际

生活在现实生活中的人们，总是处于客观存在、复杂多样的人际关系之中。良好的人际关系，可助力个人的工作、学习和生活进步。同事关系，是人际关系中非常重要的一种，关系到工作的效率、事业的成功和心情的舒畅。

教师与同事的口语交际，根据话语交际的内容及形式，可分为工作性谈话、寒暄性谈话和情感性谈话三种类型。工作性谈话，主要以教育教学工作中的问题为话题；寒暄性谈话，主要表现为教师工作之余的相互问候、闲聊等；情感性谈话，是教师为了表示对同事的祝贺、安抚、慰问等所进行的口语交际。当然，教师与同事的交流，也会受到受话人的年龄、性别、工作性质、工作单位等因素制约，呈现出不同的表达方式。

教师在接触同事的过程中所形成的口语表达，往往具有以下特点：

（1）相互尊重

相互尊重的工作交际口语，不仅能增加同事之间的亲密感，而且还容易达成工作中的精诚合作。例如：日常寒暄中，可以主动打个招呼、问一声好；同事出手相助，要真诚地表达谢意；同事咨询业务时，要诚恳地表达自己的观点，不能敷衍了事或故意推托；需要同事协助完成的工作，宜采用商讨性的口吻；同事提出要求时，可根据实际正面答复，不能含糊其辞，更不能模棱两可。

（2）坦诚相待

教师在与同事交往时，应把握好人际关系亲疏的分寸，不能亲此疏彼，也不能随意议论他人的长短，或者故意披露同事的隐私，挑拨同事之间的关系，伤害同事之间的感情；面对名利，不可寻找各种冠冕堂皇的理由为自己争名夺利。进行工作性谈话时，教师应当从大局出发，语调平和、言辞有理、有力、有节。

（3）得体表达

教师在与同事相处时，应注意根据交际对象的个体差异来选择和调整自己的话语表达方式。例如：与年长教师相处时，应采用谦虚谨慎的语用态度，不能恃才自傲，口出狂言；与新同事进行交流，语气要热情，言语中透露出关心；与个性较强的教师谈话时，在不违反原则的前提下，不妨灵活谦让，没有必要进行无休止的争论；与相关单位工作人员相处时，要避免使用"文人腔"，言辞要朴实、坦诚。

总之，教师在接触同事时，要学会倾听对方的意见，平心静气地进行讨论，尽量达成话语交际的共识。如果在工作中无法避免与同事发生矛盾或冲突，也不必把问题看得过于严重，而是应该冷静思考双方有无共同之处，去消除分歧，释去前嫌；切忌"有理不让人"，逞一时口舌之利，影响同事之间的人际关系。当然，教师也可以在交际中保持求同存异的态度，尤其是工作以外的事情，更是没有必要时刻保持一致。

3. 教师与领导的口语交际

教师在日常工作中，通常会因请示工作、汇报工作、征求意见、寻求帮助、自我检讨等交际需要而与学校领导接触和交流。由此所形成的教师与领导的口语交际，一般可分为请示性口语交际、汇报性口语交际和沟通性口语交际三种类型。

请示性口语交际，是教师请求上级指示工作所形成的交际活动。汇报性口语交际，是教师向上级报告工作情况所形成的交际活动。沟通性口语交际，是领导向教师发表自己意见所形成的交际活动。从交际目的的角度来看，请示性口语交际、汇报性口语交际的交际目的，一般是教师谋求上级领导对其工作给予支持、帮助、理解、信任；沟通性口语交际的交际目的，一般是领导了解教师工作的具体情况。

教师与领导的口语交际，主要具有以下特点：

（1）定位准确，语气谦敬

教师在与领导交流时，应注意准确定位、摆正位置。表达时，要注意语气谦虚谨慎，多用敬辞，体现出上下级之间应有的礼节，从言语行为上体现出"给领导当好帮手，做好助手，打好下手"的工作意识。严格按照组织分工和工作需要，区分清楚话语交际对象：该请示谁，就请示谁；该向谁汇报，就向谁汇报。具有大局意识,能服从分管不同工作的领导的安排。

由于领导工作头绪多,时间有限,因此教师在表达时还要做到口齿清楚、语速适中,准确把握好留白的时长、停连的方式和气息的运用,避免领导因为教师话语模糊含混、语速不当而失去交流的耐心。

(2)表达简洁,句式恰当

教师与领导的交流,应本着对工作负责的态度,运用重音、停连、节奏、语气等手段,以及逻辑清晰的关联词语,主题明确、层次分明地阐述自己的观点,在有效的交际时间内最大限度地增加话语信息量,注意不要兜圈子,也不要长篇大论。

句式选择方面,可以多用疑问句,以商量、征求意见的口气体现出下级对上级的尊重。此外,陈述句能对客观事物或现象进行说明,有利于教师方便、快捷地向领导汇报工作,在及时解决矛盾、消除障碍中形成良好的交际关系。

(3)把握时机,直面问题

选择恰当的时机与领导交流,有助于教师实现交际目的。例如,教师对领导的决策、指示持有不同意见时,可以这样表达:"关于这一点,我是这样看的……""对于这件事,我认为这样处理可能更合适……""我认为,我的看法是正确的,希望领导能予以考虑……"等;必要时,甚至可以坚持己见,但应注意通过正常渠道,在合适的场合向领导提出,而不是在公开场合或会议上横加指责,以免因双方僵持不下而影响正常的工作秩序。

总之,教师与领导的口语交际,需要交际双方和衷共济。这样的交际关系,不仅取决于领导的素质,还取决于教师的素质。

(二)交际场景类型

根据交际场景,教师交际口语可分为研讨座谈中的口语交际、工作联络中的口语交际等类型。

1. 研讨座谈中的口语交际

在日常工作中,教师需要参加一些以交流教学经验、通报教学信息、提高教学水平为目的的教研活动、座谈交流会等,以增强后续工作的科学性和实效性。由此所形成的研讨座谈口语交际活动，其话语角色一般分为召集人和与会者两种类型。召集人掌握话语主动权，负责引导话题表达方向，最后要集中与会者的意见和建议，做出正确的结论；与会者服从召集人的安排，配合召集人将话题推向深入，并最终达成共识。在这个过程中，教师不管承担何种话语角色，都要掌握研讨座谈交际活动的性质：从交际时间上看，基本属于限时发言；从交际形式上看，既可以是独白式，如宣读论文、讲述观点等，也可以是对话式，如轮流交替发言；从交际对象上看，教师面对的可能是同事，也可能是领导，还有可能是校外人员；从口语表达上看，教师的话语应具有创新性、独特性和实践性。

研讨座谈中的口语交际，一般具有以下两个方面的特点：

（1）观点新颖，言简意明

研讨座谈是为了获得新信息、新观点、新经验。对于召集者来说，应注意话题选择的新颖性和实用性、发言的启发性和诱导性，有策略地去激发与会者各抒己见。对于与会者来说，要根据会场发言情况，或者根据他人发言补充和完善，或者另辟蹊径地发表自己的观点。

由于研讨座谈往往有一定的时间限制，只有掌握好语音的轻重缓急、词语使用的严谨规范，才能使话语表达恰如其分。期间，召集人应注意引导和控制话题，避免发言人偏离主题，确保与会者都有发言的机会。与会者应配合召集人，提前做好发言准备，在规定时间内言简意赅地阐述自己的观点，避免出语不慎、用语模糊、偏离话题等现象。

（2）风格灵活，表述得体

研讨座谈的口语表达，其风格介于书面语和口语之间：声音清晰洪亮，语调变化自然，语流衔接连贯；多用学科术语，表达具有概括性和准确性；句子结构灵活，既有口语化的小短句，又有语义清晰、逻辑严密的长句；语篇结构紧密，层次分明，说理清楚。这与研讨座谈话题的严肃性、面对面的交际形式有关。

值得注意的是，研讨座谈不是"辩论赛"。教师发言时，不能将自己的观点强加于人，而应用商讨的口气，提出自己的看法：作为召集人，应语气谦和，语调平稳，举止冷静，既不要随意附和与会者，也不要对发言人的观点妄加指责；作为与会者，既不要过度谦虚，对自己的观点缺乏信心，也不能狂妄自负，把召集人晾在一边，抢嘴插话。当然，也有一些与会者出于各种原因而选择保持沉默，这在一定程度上会影响其真实、亲切的交际形象。

2. 工作联络中的口语交际

学校作为专门的教育机构，除了与业务主管部门保持密切联系外，还同当地政府及相关部门、医院、派出所、消防、社区等具有各种工作联系，如邀请消防队到学校普及消防知识、联系交警队来学校讲解交通安全、咨询医院的医生或护士安排学生体检等。这些因工作联络所产生的交际活动，就是工作联络中的口语交际。

从整体上来看，教师在工作联络中的口语交际具有以下特点：

（1）语音清晰

教师开展公务活动往往具有明确的工作目的和内容。清晰的语音有助于顺畅沟通，避免出现耗费大量的人力、物力、财力而最终却一无所获的交际情况。因此，教师要做到语言规范、准确，言简意赅；尽量站在对方的立场，以协商、合作的语气进行交谈。

（2）表述得体

在与上级单位或部门联系时，教师应注意态度谦恭，言行举止符合礼仪规范；在与平级单位或部门联系时，教师应注意态度平等，言行举止热情而有礼貌；在与社会各界联系时，教师应注意态度友好，言行举止符合社交场合的要求。

（3）善于提问

得体的提问，可以引出话题，表达彬彬有礼的交际态度，还能打开受话人的心扉，获得有效的话语信息。例如：对于往来频繁的相关单位工作人员，可以直接询问其来访目的；对于初次接触的相关单位工作人员，可以先用提问进行寒暄，表现出热情、亲切和随和的交际态度；在交际过程中，如果对方提出了自己事先没有考虑到的棘手问题且要求明确答复时，不妨先认可对方的意见，待对方情绪稳定后再用提问的方式引出自己要说的内容。

由于教师在日常工作中联络的单位或部门具有类型复杂、情况多变等特点，因此在交际活动中要把握好话语的繁简程度、风格的适宜性。例如：与政府部门的工作人员打交道，要开门见山；与社会各界知名人士交往，要文雅规范；与派出所、消防队、交通警察、医生护士等沟通，注意沉稳庄重；与街道办事处或社区工作人员联系，不妨多寒暄几句。当然，这些方法也并不是绝对的，需要教师随机应变，灵活、高效地完成交际任务。

第二节 教师交际口语技能训练

■ 训练目标及要求

1. 掌握教师交际口语的相关理论及基础知识，完成教师交际口语表达训练，培养运用相关理论分析教师交际口语现象及问题的能力，规范、准确地运用教师交际口语开展教育教学相关工作，提高教师职业语言素养及话语交际能力。

2. 研读"案例分析"，适时参加相关社会实践活动，思考教师交际口语表达的技巧及规律。同时，阅读相关文献资料，结合社会实践活动形成正确的认知。

3. 教师交际口语应遵循特定的语用原则。这些原则是一般交际口语语用原则在教育教学领域中针对非学生群体交际对象的一种个性化使用，具体表现为诚信原则、礼貌原则、合作原则和角色原则。

（1）诚信原则

所谓诚信原则，是指从真诚的意愿出发，坦诚地与人交流和沟通，并运用恰当的话语表达自己的态度、观点和感受。

教师交际口语中的诚信原则，主要包括以下内容：①话语的信息量要足够。在交际活动中，应根据交际需求，确保自己所提供的话语信息量达到交际所要求的详尽程度。②话语的信息质要真实。口语交际时，不能说自己认为是不真实的话，也不能说缺乏足够证据的话，以免失去受话人的信任和尊重。

（2）礼貌原则

教师的言语行为必须符合特定的伦理道德规范和文明礼貌要求，以免对受话人造成人格伤害，继而造成交际双方的情绪对立。

教师交际口语中的礼貌原则，主要包括以下内容：①多为受话人着想。教师应从教育教学工作的性质及要求出发，多从受话人的角度考虑问题，少考虑自己的得失，客观、公正地与受话人进行交谈，不说让受话人感觉尴尬的话。②多说温暖热情的话。例如：与问题学生家长交谈时，不能当众呵斥或讥讽家长，更不能说尖酸刻薄的话，而应采取单独交流的方式，态度真诚而不失热情。③多与受话人共情。教师应将表达的重点放在问题或事实本身及其对交际者的影响，以及交际者对这些影响的感受等方面，使受话人乐意听取并不断增强交流、沟通的意愿，尽量减少与受话人的话语冲突。

（3）合作原则

从某种意义上说，教师实施口语交际的最终目的都是为了合作。这种合作其实就是一种发自交际者内心深处的善意、关怀和配合。

教师交际口语中的合作原则，具体包括以下内容：①语义贴切，衔接连贯，不能答非所问。教师的口语交际，往往都有具体而明确的交际目的，这就要求教师的表达要语流通畅、层次井然、前后连贯、语义完整。②避免晦涩、歧义和啰唆。与一般交际口语相比，教师交际口语在话题的集中性、语义的逻辑性、表达的完整性等方面，要显得更为严格。用较少的话语传递尽可能多的信息，不但能提高教师口语交际的效率，而且还有利于树立教师良好的职业形象。

（4）角色原则

在教师交际口语中，教师面对的是非学生群体交际对象，交际双方处于平等的地位。只有灵活转换话语角色，才能因言语的规范典雅、不卑不亢赢得人们的尊重。

例如：当教师作为筹办教学经验交流会的负责人时，充当的是组织者的角色；当教师与同事进行思想感情的交流时，充当的是沟通者的角色；当教师进行教学改革和实践时，充当的是革新者的角色；等等。这些角色决定了教师应遵循特定的言语行为模式进行交际活动。

4. 教师进行口语交际时，应注意以下表达技巧：

（1）语言要有亮点

对于不同的教师而言，语言表达的亮点可以有所不同：有的教师可能表现为一种新颖的语篇衔接方式，有的教师可能表现为善于使用新词新语，有的教师可能表现为幽默的话语风格，有的可能表现为生动形象的修辞手段，等等。但无论是哪种方式，这些"亮点"都与教师灵活的思维方式、多元的表达方式有关。

（2）话题要能出彩

教师在日常工作中，要对学校及领导和同事、班级及学生和家长等具备良好的洞察力及研判能力，能够透过事物现象发现具有交际价值的话题，对工作中出现的问题及其本质形成正确认知，做到及时解决问题，有效推进工作。

（3）思路要一致

教师的口语表达要围绕话题，有条不紊、层层深入地推进，而不是翻来覆去地只会说几句嘴边的话，切忌成为不受欢迎的"话痨""废话篓子"。

（4）信息要适当

教师要想让自己的表达能够持续引起受话人的关注，就要关注自己所提供的话语信息是否符合受话人的需要，信息量是否充足，灵活运用自己良好的知识文化修养、扎实的教育教学工作经验来提升受话人的交际兴趣。

一、教师与家长口语交际表达训练

（一）训练提示

教师与家长的口语交际，是教师了解、教育学生的基础，是沟通师生之间心灵、情感的桥梁和纽带。它以教师对教育事业的忠诚、对学生成长的关爱为基础。

1. 教师与家长的个别谈话

（1）话语表达内容的要求

教师与家长的个别谈话，因其类型不同，故而其话语内容的侧重点也有所区别。

　　了解性交际活动的话语内容，主要包括：学生家长的基本情况，如职业、思想、修养等；学生家庭的基本情况，如居住条件、成员构成及其相互关系、家长的教育观念和教育方式等；学生在家里的基本情况，如学习生活环境、学习和娱乐的时间、家务劳动、交友倾向等。

　　专门性交际活动的话语内容，主要是向学生家长报告其子女在成长过程中出现的特殊表现或相关问题，通过争取家长的配合，来共同商讨学生的教育方式和方法。

　　情感性交际活动的话语内容，以化解家校联合教育在某些问题上的分歧为主，有时也会涉及看望、慰问性质的话题。交际双方应如实介绍情况，耐心听取对方的意见和建议。

　　教师与家长进行个别谈话时，要围绕交际目的提前做好准备，预设学生家长可能反馈的信息，控制好谈话内容的范围，避免家长偏离话题和转换话题。同时，教师还要耐心倾听学生家长的诉求，及时给予合理的建议或得体的回应。当然，教师提出的建议或回应是否合理，主要取决于教师对学生日常表现及细节的关注。有的教师习惯于关注好学生或问题学生，而容易"忽略"中等生；有的则习惯于关注学生的不良行为，而对其好的行为表现"视而不见"，或者认为是理所当然的。因此，教师应合理分布对学生的关注范围、关注内容、关注角度，为自己与学生家长谈话积累丰富的话语素材。

　　（2）话语表达形式的要求

　　教师与家长进行个别谈话，交际地点可以安排在办公室、教室，也可以是在学生家里，还可以通过电话、短信、微信等进行沟通；如果属于家长主动联系教师进行谈话，那么安排在办公室则显得更为合适。交际时间，可结合实际灵活安排，如小学生家长每天早晚接送孩子上学放学、学校的家长开放日、社会实践活动等，都是教师接触家长较多的时间段，可以利用这些时间段与学生家长谈话。

　　与学生家长谈话时，教师应心平气和地与家长交换意见，客观冷静地进行交谈，保持和谐的气氛；避免使用发号施令的口气，如"你必须……""你应该……""你要注意……"等，慎用"迟钝""淘气""讨厌""坏毛病"等含有贬义色彩的词语，以及惩戒、惩罚意味较强的指令性祈使句，说话要留有余地。例如：学生闯祸了，教师不能生硬地告知家长"孩子不听话"，而应委婉地说"孩子本来想做好事，但不小心做错了"。不要在同班学生之间进行横向比较，说长道短，以免家长听了心里不舒服。

2. 教师与家长群体的谈话

相对于教师与家长的个别谈话而言，教师与家长群体的谈话，在交际任务的针对性、特殊性方面，以及话语内容和表达技巧方面，具有一些不同之处。

（1）话语表达内容的要求

学校的家长会通常以班级为单位，召集人为班主任，属于教师与全体学生家长共同参与的集体性交际活动。其交际目的，是让学生家长了解学校的教育教学工作动态，促使家长与学校、教师进行交流和沟通，共同分享管理和教育学生的成功经验、有效方法和手段。

家长会的话语内容，主要由相应的议程支持完成：①教师致欢迎辞；②教师说明家长会的目的和议题，引导家长关注子女教育的问题；③教师完整陈述家长会的内容，为教师与家长、家长与家长之间交流心得体会搭建平台；④教师总结，提出概括性、指导性的教育意见。教师在召开家长会前，应尽可能具体地列出会议的议程，避免遗漏重要的话语内容。

（2）话语表达形式的要求

作为家长会的召集人，教师的口语表达要热情、亲切、自然、通俗易懂；以叙述、说明为主，点面结合，巧妙地将个别学生的突出问题说出来，让学生家长能够全面了解班级、孩子情况，达到沟通的目的。

例如：下面的话语，均为教师口语表达的禁忌语。这些话语会破坏和谐、融洽的交际氛围，将家长会开成"告状会""批斗会"，令人难堪。

① 每次上课，××同学都要故意捣乱，搅得其他同学上不成课，弄得好多老师都不愿意来我们班讲课。

② 如果您家孩子继续在午休时间捣乱，那就只能请您把他领回去！老师管不了啦！

③您好好听听人家（用手指着别的家长）是怎么教育孩子的。
④您连开个家长会都是"低头族"，忙着刷手机，怎么可能管得好孩子？
⑤不要以为您学历高就能管好孩子！您最好按照我说的去做。

（二）案例分析
【示例一】

放学时，学生王勇的父亲到教室门口接孩子回家。方老师看到后连忙走出教室："王勇爸爸，您来接孩子放学啊！我正好想跟您聊一会儿呢！"家长脸色大变，狠狠地瞪了王勇一眼，回过头来微笑着对方老师说："老师，王勇是不是在学校闯祸了？我和他妈工作忙，平时没时间管他。他要是在学校表现不好，您尽管骂！"方老师慈爱地看着王勇说："王勇是个不错的孩子！""哦？！"家长略带吃惊并表现出了关切的神情。方老师微笑着说："王勇在学校尊敬师长，乐于助人，学习也很努力。上个星期，他还在学校的诗歌朗诵比赛中得了二等奖呢！"家长激动得来回搓着双手："这孩子，没想到还蛮争气的！"方老师恳切地说："是啊！如果你们再多花些时间关心一下孩子，帮他辅导一下功课，他不就更出色了吗？"家长高兴地说："老师，您说得太对了！太对了！""当然，"方老师话锋一转，"王勇也有一些不足，比如上课讲小话、值日不认真，有时还会欺负女同学。但是，只要咱们一起来帮助他，这些缺点很快就会改正的！"家长信服地点点头："是的！是的！我们以后一定在孩子身上多花些时间，也希望您多多和我们联系，告诉我们孩子在学校的各种表现。"

分析：这是教师与家长个别谈话的案例。这位对孩子放任不管的家长，起初对教师发起的口语交际保持戒备心理，但随着方老师先扬后抑的语用策略，学生家长的语用心理转入了主动、积极的状态。教师运用巧妙的谈话方式，转变了学生家长的交际态度，顺利达成了本次口语交际的目的和意图。

【示例二】

期中考试结束后，数学教师打电话联系学生彭莉的母亲，请她到学校里来一趟。彭莉的母亲因为工作的关系，无法在学校工作时间内赶到学校。于是，教师决定当天晚上到彭莉家进行家访。

家长：老师，真是对不起！彭莉爸爸常年在外工作，这段时间我又经常加班，回家后还得给孩子做饭，等我收拾完家务来检查作业时，差不多都到孩子睡觉时间了。都怪我，没好好盯着孩子复习，彭莉这次期中考试肯定又考砸了……

教师：（微笑着拿出一张51分的数学试卷）您弄错了，我是来感谢您的！（家长看到试卷上的分数，满脸通红，很尴尬）期中考试之前的模拟测试，彭莉只考了38分。当时我给您打过电话，咱俩商量好了怎么帮助彭莉复习，您还记得吗？您看，正式考试时，彭莉一下子就提高了13分。您的功劳很大啊！这次考试，咱们班就数彭莉的进步最大。您说，我们现在对教育好彭莉是不是越来越有信心了？

家长：谢谢老师的鼓励，谢谢老师的理解！

分析：这是教师与家长个别谈话的案例。数学教师结合学生家庭实际情况，利用晚上的休息时间进行家访，充分体现了对学生家长的尊重和理解。同时，教师还特地选择了学生成绩进步时与家长谈话，真诚地肯定了学生家长对孩子的帮助、对教师工作的支持，让家长明白了家校联合教育对孩子成长的重要性。

【示例三】

尊敬的各位家长，大家下午好！

首先，我要感谢各位家长对我们班工作的大力支持，能从百忙之中抽出时间来参加今天的家长会，这说明大家对自己的孩子都很关心。是啊，天下没有哪个父母不望子成龙，不望女成凤；同样，天下也没有哪位老师不希望自己的学生有出息。既然大家和我都有一个共同的愿望，那么就让我们携起手来，齐心协力把您的孩子、我的学生教育好。

我当过18年初中班主任，带过6届毕业生，做过2届年级组长，还是一个16岁孩子的妈妈。今天，我想以教师、家长的双重身份，用自己的切身感受，跟大家交流三个问题：第一，如果做家长是您的事业，那么这个事业现在走到了哪个层次？第二，现代家庭教育有十大问题，您有几个问题？第三，您今天来开家长会之前，做了哪些准备？

……

再次感谢各位家长能和我一起交流、探讨这三个问题。我从大家的发言中，充分感受到了咱们班家长不仅对孩子的成才有明确的期望，而且还想出了各种方法，采取了各种行动。最后，我给各位家长提三条建议：一是相信和配合学校、老师很重要；二是教育孩子要讲究策略；三是家长就是孩子的榜样，和谐的家庭比什么都重要。

……

家长朋友们，孩子的成长，有风有雨还有阳光，我们要坦然去面对。没有长不大的孩子，只有我们对孩子不变的心。学习成绩不是评价孩子的唯一标准，我们需要的是健康、快乐、幸福的孩子，然后才是成才、成功、有名气的孩子。我认为，孩子的情商比智商更重要，品德比能力更重要。关于我提出的三条建议，只要我们时刻提醒自己，并要求自己坚持做到，我相信，您的孩子、我的学生就一定能成长。①

分析： 这是教师与家长群体谈话的案例。班主任通过换位思考，以教师、家长的双重身份，情真意切地与学生家长进行沟通，以心换心，引导家长关注并正确认知教育孩子的三个问题，为家长提供解决孩子教育问题的三个建议，话题明确，思路清晰，表达得体，既赢得了学生家长的敬重和信任，又争取到了所有家长的主动配合。

（三）技能训练

【训练一】根据下面的话题，设计特定的交际场景、交际对象等，与同学一起轮流扮演教师、学生家长和学生的角色，并对同学的表演进行点评。

1. 了解学生在家的生活习惯和行为表现。
2. 了解学生家庭的经济情况。
3. 了解学生家长的教育态度和管教方法。
4. 向学生家长说明子女的在校表现。
5. 向学生家长介绍教育孩子的科学方法。
6. 与学生家长关注学生考试成绩突然下滑的问题。

---

① 整理自：微信公众号"山东教育电视台"《老教师给家长的忠告：教育孩子就是投资自己的后半生（老师转给家长）》(https://mp.weixin.qq.com/s/gtPTA94kPRI30U-2pMBc-Q，访问日期：2021年6月3日）。

7. 与学生家长一起解决犯错误屡教不改的问题。

8. 与学生家长共同探讨青春期学生早恋的问题。

【训练二】 张峰是本市重点中学的一名初中生。一天课间休息时，他和同学打闹，把一位同学反锁在教室里。那位同学为了出来，砸了教室的玻璃窗，结果弄伤了自己。于是，班主任打电话联系张峰的家长，请家长到学校谈话。

下面是甲、乙两位教师与张峰家长的谈话。请分析和比较两位教师在语气、词语、句子等方面的表达区别，总结教师与家长进行口语交际时应注意的问题。

甲：你知道你儿子今天在学校干啥了？我们班还从来没有发生过这种事情。你们这些家长是怎么教育孩子的？让你儿子给我写份保证书，家长签字，保证今后不再犯错误。要不然，你就把他领回去。我管不了啦！

乙：您看，我又要麻烦您了。您工作这么忙，还能第一时间就赶到学校来，帮助我一起处理今天孩子在学校的突发事件，非常感谢您的理解和配合！

【训练三】 根据下面的交际情境，设计一段教师与家长的个别谈话。

1. 你班有一名学生比同班孩子要小几个月，身体发育及各方面的表现都显得比较滞后，家长每次见到你都要询问孩子在校的饮食情况及表现。你准备怎样与这名学生的家长交流？

2. 你班一名学生家长向你抱怨孩子学习成绩不好，希望你上课时能讲得慢一点儿、细一点儿，让孩子能够跟得上学习进度，平时要多盯着点儿孩子。你准备怎么跟这位家长交谈？

3. 你所教班级有一位同学因打架而被学校处分，学生家长跑到学校找班主任大吵大闹，要求学校撤销处分。作为班主任，你应该对这位家长说些什么？

【训练四】 根据下面的交际情境，设计一段教师在家长会上的讲话。

1. 李老师是新入职的音乐课程教师，被委派为初二年级的班主任。很多学生家长私下议论："年轻老师能当好班主任吗？学音乐的老师能当好班主任吗？"于是，李老师决定在开学后的第二周召开一次家长会。

2. 学校准备在你所教班级实施一项教学改革措施，但遭到了大多数家长的反对，原因是学生即将面临全市统测。你准备组织一次家长会，与家长进行沟通，并赢得家长对这项教学改革措施的支持和配合。

3. 期末考试结束了，作为班主任，你准备召开一个以"学生成绩通报"为主题的家长会，并邀请所有科任教师参加这次会议。同时，你打算创新这次家长会的内容和形式，尝试使用"学生才艺展示"的方式来替代传统的宣读成绩分布统计数据。

4. 一天上课时，铭铭看到同桌梅梅的钢笔很漂亮，便悄悄地拿了梅梅的钢笔去写作业。梅梅发现后很生气，便伸手去抢钢笔，但铭铭不给。两人在争抢钢笔的过程中，一不小心，钢笔的笔尖扎进梅梅的手背并开始流血。班主任在及时联系两名同学的家长妥善处理此事之后，考虑到近期本班及同年级其他班级也频发类似事件，决定召开一次以"校园安全教育"为主题的家长会。

5. 以"家庭教育锦囊妙计分享"为主题，召开一次家长会，为全体学生家长搭建家庭教育的实用方法分享平台，共同探讨家校联合教育的科学途径。

【训练五】请回忆给你留下深刻印象的两位老师，评价他们在与家长交际时口语表达的得与失。

二、教师与同事口语交际表达训练

（一）训练提示

教书育人是一种对群体性、协作性要求较高的工作。良好的同事关系，可以通过很多方法和途径来建立。掌握与同事相处的口语交际技巧，即为其中一种颇为重要的方法和途径。

1. 教师与同事口语交际的功能

教师之间能否和谐共事，不仅关系到教师的专业身份构建、学校影响力传播，而且还影响到教师由此所达成的职业认同度和工作满意度。相互信任、彼此沟通、主动支持的同事交际关系，需要建立在教师稳定的口语交际能力的基础之上。良好的口语交际能力，是教师主动适应工作环境的积极力量，是推动教师在工作岗位上积极自主行动的正能量，更是构建和谐校园文化氛围的重要因素。

2. 教师与同事口语交际的内容

不同类型的教师口语交际，在谈话主题、话语内容方面也有所区别。

工作性谈话重在交流、共享有效的教育教学信息。例如：同事咨询问题时，不管内容是否正确，都要耐心地表达自己的观点，而不是以居高临下的口吻说"听好了，这件事应该这样做……""你这样做根本没用"等，也不能讥讽或挖苦"这么一点工作都应付不了吗""你怎么会有这种想法呢"等；同事征求意见时，不能含糊其辞、不辨真伪地说"可以""不错"等；同事请求帮助时，不能敷衍了事或故意推托"以后再说吧"等。当然，如果对方的谈话内容令人尴尬，也可以笑而不答，以缓和交际僵局。

寒暄性谈话重在日常的问候和闲聊。例如：在学校里遇到同事，可以主动打个招呼"近来身体好吗""学生学习怎么样"等；同事帮忙时，应主动说"劳驾您啦，谢谢""给您添麻烦了，谢谢"等；如需提前离开办公室，可以告知同事"抱歉，我有事先走一步""各位忙着，我去开会了"等。

情感性谈话，一般是围绕同事的喜怒哀乐事件进行口语表达，如职称晋升、荣获奖励、出版论著、生病住院、意外事故、亲友去世等。这种类型的谈话，话语信息要准确，情感共鸣要真挚，切忌虚情假意、言不由衷的话语表达。

值得注意的是，教师与同事的口语交际话题具有一定的动态性。例如：一位新调入学校的中年教师，如果与新同事进行闲聊，就属于寒暄性谈话；但如果后续话题转入不同学校教学经验的分享，就有可能成为工作性谈话。这就需要教师根据话题的转移及时调整口语表达。

3. 教师与同事口语交际的表达

教师的口语交际能力，是在与同事交流的过程中逐步发展起来的。具体表现为以下四个阶段：（1）基础阶段，主要体现为教师入职后进行日常交流、征求意见、表达建议的口语交际能力；（2）胜任阶段，即具备与同事合作完成工作任务的口语交际能力；（3）成熟阶段，教师在此阶段已具备同交际者有效互动并由此获得同事高度认可及评价的能力；（4）言效阶段，即教师的言语行为能对受话人、旁听者甚至是自己的思想、感情产生影响，继而使交际者采取某种行动，取得口语交际活动结束后的某种后续效果，如教师通过得体的话语来指导或帮助同事实现专业发展目标、制定职业生涯规划等。

教师在口语交际能力发展的不同阶段,既要关注话语表达的共性要求,如平等和睦的言语风格、条理清晰的话语序列、谦和得体的交际策略等,又要重视自己所处能力阶段所需强化的语用技能。例如:基础阶段要强调口齿的清晰性;胜任阶段要突出语用合作原则;成熟阶段要彰显话语表达的礼貌原则;言效阶段则体现为话语执行力的最高强度——以言行事。

(二)案例分析

【示例一】

最近,小李发现自己的课堂教学出现了问题,于是便主动向教学督导闻老师请教。

李老师:闻老师,最近我发现自己讲课的语速很快,甚至比我自己预计的速度还要快,但是教学内容却常常不能完成,有时只讲了一半的内容,下课铃就响了。这个问题,让我感到非常焦虑,但又不知道要怎么解决才好。

闻老师:(微笑地)小李啊,你是怎么备课的?怎么讲课的?

李老师:我觉得,自己备课还是下了一番功夫的。我看了新课程标准,发现新课程标准要求学生了解的内容比较多,我自己也想在教材的基础之上再做一些拓展,所以每次写教案和讲义的时候,都会花费大量的时间,千方百计地从教学大纲中整理出知识的重难点,还使用了很多的教学方式和方法来向学生进行讲解。

闻老师:你上课时,有没有观察过学生的反应?下课后,有没有了解过学生的学习情况?课后服务时间,有没有看过学生完成作业的情况?

李老师:观察过,也了解过,情况非常不好。很多同学下课后,根本记不住我讲的内容;即使有学生能记住当天的学习内容,但第二天上课时又忘了。我每天都会感到自己上课已经上到了精疲力尽的地步。

闻老师:小李,你有没有发现,你的时间和精力全都用在了写教案、定计划上,但是,你没有问过你们班的学生,他们每天完成预习任务后最希望老师讲解的内容是什么,他们有没有理解今天学习的内容和之前学习的内容之间有什么关联,还有,他们最能理解和接受知识的方式和方法又是什么。

李老师:(恍然大悟地)啊,闻老师,我确实没想到这些问题!听您这么一说,我知道自己的问题出在哪里了。您不愧是教学经验丰富的教学督导,今后还得多多向您请教,多多向您学习呢!谢谢您!

分析: 这是工作性谈话的案例。年轻教师以敬重的口吻向老教师请教课堂教学的技巧,老教师真诚、恳切地回答了年轻教师的疑问。闻老师的回答十分巧妙,他没有摆出教学督导的架子,直接对小李的工作方式和方法进行批评,而是多次运用疑问句,循序渐进地启发和引导小李自己反思课堂教学中的问题,语调平和亲切,语义切中要害,颇有长者的风度和气质。

【示例二】

今天,学校将迎接上级部门选派的专家组进校考察。夏老师负责接待专家组的组长——同行专家曾老师。

夏老师:曾老师,您好!久仰大名啊!

曾老师:夏老师,您好!不敢,不敢!

夏老师:这次您带队出来考察,前后差不多有一个月了吧?有什么新的精神和指示,还请您不吝指教啊!

曾老师:您客气了,夏老师。我们都是同行,大家一起探讨吧。

夏老师:那就太好了,我们确实有一些问题要向您请教……

分析: 这是寒暄性谈话的案例。案例中的曾老师和夏老师相互尊重,彼此谦让,在正式工作开始之前就消除了话语交际的距离感,不仅沟通了情感,而且还调节了工作气氛,有助于后续工作的有效开展。

【示例三】

一天,刚入职的小王因为解决不了学生上课讲小话、做小动作、不记笔记、看课外书等问题而独自坐在办公室里发呆。上下课进出办公室的老师很多,但大家看到小王谁也不搭理,也就各自忙着处理手头的工作了。苏老师下课后,抱着学生的作业本走进了办公室。她注意到小王的神情及表现后,便径直走到小王的办公桌前,放下手中的作业本,俯身关切地问道:"小王,怎么了?"看到苏老师和蔼可亲的表情,听到苏老师亲切温暖的声音,小王一下子觉得很委屈,眼泪不争气地掉了下来。苏老师赶紧拿出一包纸巾递给小王,轻轻地拍拍她的肩膀,拉过一把椅子,坐到她跟前,柔和地说道:"是不是遇到什么烦心的事儿了？来，跟苏老师说说。说不定，苏老师还能帮你分析分析呢。"小王不好意思地点点头，说道："嗯，苏老师，麻烦您了！谢谢！"

分析：这是情感性谈话的案例。年轻教师因为缺乏教学经验而不能有效管理学生、驾驭课堂教学，但又不懂得如何正确处理，导致自己陷入了工作困境和人际交往困境。经验丰富的苏老师，语用态度得体，语气温暖亲切，话语表达文雅规范，充分体现出了对年轻教师的关心和爱护。最终，年轻教师也在老教师的安抚中表现出了应有的礼貌和恭敬，有效实现了教育教学工作信息的交流和分享。

（三）技能训练

【训练一】你是一名新入职的青年教师，你所在的教研室有年长教师、中年教师、与你同龄的新教师。你应该怎样与他们交谈，并给对方留下良好的第一印象？

【训练二】最近，你的同事指导学生参加辩论赛获得了全省一等奖，你前往祝贺、取经。请根据下面的交际情景，分别表达你对同事的祝贺之情、取经之意。

1. 同事比你年纪大，多次组织学生参赛，并屡次获奖。
2. 同事与你同龄，经常组织学生参赛，但第一次获奖。
3. 同事比你年轻，但第一次组织学生参赛就荣获佳绩。

【训练三】根据下面的交际场景，设计一段教师口语表达，完成交际任务。

1. 你入职之后，在路上遇到领导、同事时，习惯用点头微笑的方式打招呼（不说话）。一些同事因此认为你"架子大""没礼貌"。你打算如何向同事解释？

2. 你担任班主任的班级要组织一次趣味运动会，需要到学校体育教研室借用一些体育器材。请你与体育教研室管理器材的教师进行沟通，借到这些器材。

3. 一天，同事与你一起讨论教学问题，你发现同事犯了一个常识性的错误，很想指出这个错误，但又担心会让同事不高兴，影响同事和你之间的感情。你应该怎么对他说？

4. 办公室有一位特别健谈的同事，经常在大家工作时找人聊天。一天，这位同事在你备课时跟你聊天，影响了你的工作。你准备怎样处理？

5. 教师节即将来临，学校派你去慰问退休教师。你刚迈进退休教师家的大门，这位退休教师便向你大发牢骚，说人走茶凉，退休以后学校就不关心他了。你准备怎么说？

三、教师与领导口语交际表达训练

为了实现工作目标，学校领导需要运用职权向其下属施加一定的言语行为影响力；而教师则需配合学校领导的工作部署，主动、自觉地完成各项工作任务。这是教师与领导进行口语交际时需要达成的共知语境，也是双方顺利完成话语交际的前提。

（一）训练提示

1. 教师与领导口语交际的功能

教师向领导请示工作、汇报工作，或征求意见、寻求帮助，或进行自我检讨，一方面，有助于领导掌握工作进展情况，提高学校工作的效能，使学校工作能够有序运行；另一方面，还能增进领导对教师个人的了解，能对教师的工作给予充分肯定和有力支持，合理安排教师参与教学工作创新与改革、学校工作事务决策、经验总结或在职培训等活动。此外，教师通过与领导的交流，还能有效地化解工作难题或矛盾冲突，使上下级之间言语相通，精诚合作。

2. 教师与领导口语交际的内容

在请示性、汇报性的口语交际中，教师的话语内容应与教育教学工作有关。表达时要紧扣话题，围绕问题的核心与本质进行正面的话语阐述，大事讲原则，小事讲风格；话语信息量不要过于庞杂，话语篇幅不宜过长，做到就事论事、分析原因、形成方案、解决问题。

在沟通性的口语交际中，教师可根据话语交际的题旨情境来选择恰当的表达方式。如果是因工作差错而被领导请到办公室谈话，那么就要虚心接受批评意见，话语内容以反思、检讨、表态为主。如果是布置工作任务，则应摆正位置,积极寻求解决问题的方法和途径,而不是故意推诿,甚至是大肆抱怨;期间,一旦找到工作思路,即可主动向领导汇报。

3. 教师与领导口语交际的表达

首先,为了体现出上下级之间应有的礼节,教师在接触领导时,宜使用表示尊敬的人称代词"您",不要张口就是"你""你们领导""你们这些领导"等;必要时,还可以运用体态语来回应领导的话语,如眼神接触、颔首赞许等。

其次,要注意选择恰当的场合、合适的时间与领导交流,控制好交际时间,尽量做到表达简洁、逻辑清晰、语言准确。以疑问句的运用为例,教师可以运用是非问切入话题,如"您出差回来啦?""您开会回来了?";可以运用特指问明确话题,如"您看这个问题应该怎么解决?""您觉得这项工作交给谁更合适?";可以运用选择问征求意见,如"这次会议是您主持还是其他领导主持?""下午的会议是在小会议室还是报告厅?";可以运用正反问确认话语信息,如"明天的会议,您要不要参加?""明天请不请李老师?";可以运用反问获得肯定性信息,如"这种事,您不是见得多了吗?""您想,我能把这件事办砸了吗?"等。

再次,教师在与领导交际时,不能以"告状"式的口吻向领导汇报或请示工作,尤其不能在背后随意评说他人的长短。

(二)案例分析

【示例一】

刘老师在组织、辅导学生参加英语演讲竞赛方面很有经验,并多次获奖。今年,刘老师指导的几名学生又入围全省中学生英语演讲竞赛总决赛了,学校希望他继续承担带队教师的工作,带领学生外出参赛。但是,刘老师最近忙于教改项目的结项工作,希望学校能安排其他教师来承担此项工作,于是便跟学校领导进行了沟通。

刘老师:校长您好!学校安排我继续承担带队教师的工作,这是对我教学工作的充分肯定,非常感谢!但这两天我正在处理省级教改项目的结项工作,学校通知提交材料的时间正好跟学生英语演讲竞赛的时间冲突了,您看能不能安排其他教师来承担带队教师的工作呢？

校长：刘老师，咱们学校学生每年都能获得省级英语演讲竞赛的奖励，不都是你精心组织、耐心辅导的结果嘛，这是全校师生众所周知的事情。这次入围总决赛的学生也是你亲自辅导的，如果你不去的话，学生不就没有信心了吗？咱们学校这次怎么获奖啊？

刘老师：非常感谢学校领导对我工作能力的信任！但是，您也知道，这次省级教改项目结项，对我个人而言非常重要，因为我马上就要评职称了，如果项目不能按时结项的话，我今年就有可能评不上职称。另外，这个教改项目也是咱们学校近年来唯一获得立项的省级项目，当时您还在全校教职工大会上表扬过我呢！您还说，希望我求真务实，按时完成研究任务，为学校的教学改革出谋划策。

校长：是啊，的确不容易！

刘老师：这次学生参加英语演讲竞赛总决赛，我向您推荐我们教研室的甘老师来担任带队教师。甘老师年轻有为，善于创新，与学生关系也很融洽。甘老师和学生出行前，我会跟他们一起开个会，商量好竞赛的策略及办法。甘老师外出期间，由我来为甘老师代课。我相信，在大家的共同努力下，我们一定能够再获佳绩的！您看这样处理可以吗？

校长：行，那就按照你的建议办吧。

分析： 这是汇报性、请示性口语交际综合案例。刘老师以尊重、商榷的语气，实事求是地向校领导汇报工作、请示工作，进行谈话前还成功地预测出学校领导可能觉得不好解决、处理的一些工作问题，并提供了妥善解决工作问题的合理方案。这样，刘老师便巧妙地赢得了学校领导对自己工作的理解和支持。

【示例二】

近来，学生多次向教务处谭主任反映：王老师上课很随意，想到哪里讲到哪里；布置的作业从不批阅，而是安排课代表组织同学对答案；还经常在课堂上发脾气、训斥学生等。于是，谭主任决定找王老师谈一次话。

谭主任：（关切地）王老师，近来身体好吗？您爱人的工作调动有进展了吗？

王老师：（愁眉苦脸地）唉，别提了！我嘛，隔三岔五就感冒咳嗽。我爱人的工作调动，都这么长时间了，啥消息都没有。

谭主任：（微笑地）您别急，今早见到校长时，我帮您问了一下情况。校长说，您爱人的工作调动，他上周就跟对方单位协调好了。只是最近对方单位忙着处理年终总结的各项工作，预计下周就会发调令了。

王老师：（激动地）真的吗？太感谢您了！感谢学校关心！

谭主任：（真诚地）王老师，您自己也要多多加强锻炼啊！每天跟班上的学生一起跑跑步、打打篮球、踢踢足球什么的，既可以强身健体，又可以多跟学生交流。你们班的学生经常跟我说，他们其实挺喜欢您的，但因为您上课比较严肃，批评起学生来毫不留情，所以他们有点不敢接近您。课余时间，您不妨多跟学生聊聊天，他们跟您就更亲近了。另外，您这两天身体不好，要是忙不过来的话，我来帮您批阅学生作业吧。批改完之后，我把学生的学习情况反馈给您，方便您上课时有针对性地解决学生学习中的问题。

王老师：（不好意思地）谭主任，不瞒您说，这段时间因为身体不好、爱人工作调动的事情，我心情不太好。备课、上课，没心思；学生作业也没批，直接把答案给了课代表，让学生自己对答案；再加上学生也不好好听课，课堂纪律又差，所以有时就会忍不住对学生发脾气。其实，每次发完脾气之后，我自己也挺后悔的，不应该这样对待学生、对待工作。学校领导、您和同事们平时都很关心我，但自己还出现这么多的工作差错，实在是对不起！谭主任，您放心，我立马就改！

分析：这是一个沟通性口语交际案例。教务处谭主任收到学生反馈的意见后，没有直截了当地批评和教育王老师，而是联系王老师的实际，巧妙地将王老师的表达思路、话语内容引到对自己工作的反思和检讨上。面对真诚的教务处主任，王老师也实事求是地反思了自己的工作状态，语用态度端正，问题剖析到位，对后续工作及行为也做出了明确的表态。交际双方都做到了将心比心、换位思考，王老师最后的表态也令人信服。

（三）技能训练

【训练一】根据下面的交际情境，与你的同学一起轮流扮演教师和学校领导，完成交际任务，并对同学的表演进行点评。

1.教师因筹备学校冬季运动会，需要向领导请示。

2. 教师组织学生开展辩论赛，邀请领导出席并讲话。

3. 班主任向领导汇报近期学生的学习情况或发生的大事。

4. 领导布置工作任务，找教师谈话。

5. 领导表扬教师近期取得的工作成绩。

6. 领导批评教师工作中的失误或错误。

7. 领导交代教师为他办理某事，但教师感到为难。

8. 教师在学校操场锻炼时，突然遇到了领导。

【训练二】分析下面口语交际案例中教师表达存在的问题，总结教师与领导进行口语交际时应该注意的问题，并模拟该教师的话语角色重新进行表达。

一天早上，校长请小钟到办公室来一趟。

校长：哟，小钟来了，坐。

小钟：（拘谨地）不用不用，我站着就行了。

校长：（微笑地）叫你坐，你就坐吧！（小钟坐下）小钟啊，你来学校工作几年啦？

小钟：快满两年了。

校长：嗯。生活怎么样？学校食堂的饭菜还行吧？

小钟：还可以，就是每天都很忙，恨不得自己有两双手。（校长一听就笑了）

校长：前天我正好路过你上课的教室，在门外站着听了一会儿，感觉很不错！虽说学校的年轻教师很多，但能把课讲得像你这么好的老师还真是不多。所以，学校领导商量了一下，准备组建一支青年教师教学研究团队，想让你来负责这项工作，你觉得怎么样？

小钟：啊？！不行，不行！我没有这个能力，也做不了这个工作！（直接站起身）校长，我得赶紧回办公室批改学生作业了，要不然过会儿学生放学就发不了作业了。

校长看着小钟匆匆离去的背影，不由得深深地叹了一口气。

【训练三】根据下面的交际场景，设计一段教师口语表达，完成交际任务。

1. 假设你是一名实习生，刚刚来到实习学校，需要向学校教务处的领导报到。

2.假设你是一位班主任,打算组织你班学生开展一次社会实践活动,需要在活动前向校长进行请示、活动结束后向校长进行汇报。

四、研讨座谈口语交际表达训练

教师参加研讨座谈活动,可以提高教育教学工作质量,促进自身业务水平的提升。教师在研讨座谈中的发言,是对其口语交际能力及水平的一种检验,也是对其学识水平、逻辑思维和临场发挥等多种能力的综合评价。

(一)训练提示

1.研讨座谈口语交际的功能

在研讨座谈交际活动中,通过广泛、深入的交流和讨论,教师可以将个人的工作探索、心得体会转变为大家共享的宝贵经验。因此,研讨座谈口语交际活动,不仅需要教师踊跃发言,而且还要畅所欲言。研讨座谈会上集思广益的交流与沟通,不仅能促进教师之间的相互了解,取长补短,而且还能树立典型,推广先进,不断拓展工作局面,及时解决工作难题;同时,还能积累大量的工作中的第一手资料,为改善教育教学工作奠定基础,增强日后工作的目的性和实效性。

2.研讨座谈口语交际的内容

根据交际活动的正式程度,研讨座谈口语交际可分为内部交流活动和外部交流活动两种类型。

所谓内部交流活动,是指同一学校的教师经组织和安排,在校内特定地点进行教育教学经验的交流和讨论。这一类型的口语交际活动,话题多为本校教育教学工作中亟待解决的问题或存在的突出问题,需要教师敞开心扉,坦率诉说,以便学校通过教师真实可信的信息反馈来全面掌握各项工作的具体情况。

所谓外部交流活动,是指不同学校的教师经上级主管部门的组织和安排,在特定场合召开教育教学经验交流。这种类型的交际话题往往是由上级主管部门研究后确定的,其交际规模比内部交流活动大,话语交际的正式程度也相对高一些,因此,教师在发言时,话语信息量要适可而止,话语信息质要准确、可信且具有示范性和可操作性,从而树立自己所在学校的良好形象,给与会者留下亲切、动人的良好印象。

需要注意的是,无论是在哪种类型的研讨座谈口语交际中,教师的话语内容都要具备一定的专业性。教师可以围绕话题,立足实际,运用专业术语来指称现象,使用专业理论来分析问题,提出解决问题的对策及建议,做到主次分明、详略得当。

3. 研讨座谈口语交际的表达

教师进行研讨座谈口语交际时,第一,要学会倾听。听得准、理解快、记得清、应对迅速,这是对教师口语交际中倾听能力的基本要求。此外,教师还要根据发话人的发言内容,适时予以面部表情、头部动作等体态语的回应。

第二,语速适中,音量合适,语气平稳,能通过轻重音的变化来表达自己的观点,做到条理清晰、层次分明。如有必要,教师可在参加研讨座谈活动前,根据相关通知及要求,提前打好腹稿,或者列出发言提纲;参会时,注意避免与他人观点重复,可根据现场交流情况灵活调整自己的发言提纲或话语内容,不需要面面俱到,讲出自己的特色即可。

第三,巧妙应对研讨座谈中的交际矛盾或话语冲突。会场出现交际矛盾或话语冲突时,教师可以先平和地表达自己对他人见解的认同之处,然后再准确、妥当地提出自己的不同见解,引导与会者思考新的方向,推动交际进程;如果教师对他人发言有疑问,可以谦虚地向他人请教或咨询,如"您刚刚谈到的这个问题,我非常感兴趣,可以单独跟您交流一下吗?""您刚才说的这个办法,细节方面我还有点不是很清楚,您能讲得再具体一点吗?"等。

第四,把握好话语表达的开头和结尾。开头要自然亲切,开门见山,不要绕弯子,更不要说些不着边际的废话,如"今天的这个会开得很及时""这次会议很重要""我本来不准备发言的,但主持人非要让我说几句,我也就恭敬不如从命，随便说说吧！"等。结束时，不要草草了事，也不要说一些虚情假意、冠冕堂皇的套话，如"准备不充分，请大家多多原谅！""水平不高，讲得也不好，请大家多多批评！"等。

总之，教师在长期的教育教学工作中，会形成自己独有的感受体验和工作经验。如果能将这些感受体验和工作经验提升到理论思考的层次，就会形成相应的学术研究。因此，教师在研讨座谈活动中，应当知无不言、言无不尽。有的教师出于种种原因，不愿意说出自己的真实体验，常常对话语内容进行人为加工，而不是如实汇报，与会者听了以后，兴致勃勃地在工作中进行实践，却发现效果并不理想，严重影响了研讨座谈口语交际活动的传播影响力。

（二）案例分析

【示例一】

学校组织语文教师召开专题研讨会，解读《义务教育语文课程标准（2022年版）》。一位教师是这样发言的：

我认真听了各位老师的发言，也记录下了老师们提出的观点，受益匪浅啊！正如各位老师所言，经过多年的努力，我们的语文课程教学，无论是在指导思想、组织管理，还是在教学方法、方式和手段等方面，都发生了很多变化；尤其是在"双减"政策成为教育教学管理工作的重中之重后，语文课程教学更是在课程资源建设、作业设计水平、课堂教学质量、课后服务水平等方面，不断朝着科学目标迈进。

刚才各位老师的发言，都是立足自身的工作实践发出的肺腑之言，我同意大家的观点。我在这里主要是从《义务教育语文课程标准（2022年版）》的文本出发，同各位老师分享一下自己的学习心得和体会。

《义务教育语文课程标准（2022年版）》非常关注、重视语文课程核心素养的培养问题，围绕这个问题所构建起来的素养型目标体系，主要是由"总目标"和"学段要求"两个层次构成的。"总目标"是第一层次，也就是义务教育阶段的学生完成九年的课程学习之后，最终应该达到的质量标准。其实，这就是咱们语文课程教学的终极性目标。"学段要求"是第二层次，具体可以理解为义务教育阶段的四个学段所应该达到的学业质量水平。我个人的理解，这就是咱们语文课程教学的过程性目标。终极性目标统领、决定着过程性目标，过程性目标则支撑、指向终极性目标。但是，它们都需要服从于义务教育语文课程核心素养培养这个根本性的教学目的。如果据此来反思学校目前的语文课程教学现状，大家都不难发现，咱们语文教师还任重而道远啊！

分析：作为与会者，这位教师语用态度诚恳，话语表达得体：一方面，充分尊重他人的发言，并简明扼要地总结了他人的话语信息及主要观点，为后面引出自己的发言进行了铺垫；另一方面，这位教师并没有直接附和大家的发言，而是在此基础之上，立足《义务教育语文课程标准（2022年版）》的文本，提出应以此为标准反思学校目前语文课程教学的现状。事实上，学校召开《义务教育语文课程标准（2022年版）》专题研讨会，目的就是要在总结语文课程教学工作经验的基础上，为今后的语文课程教学改革指明方向和路径。这位教师的发言，紧扣主题，重点突出，条理清晰，指向明确，起到了"抛砖引玉"的作用，为会议主持人引导与会者转入下一个话题作好了铺垫。

【示例二】

一次，罗老师在主持本市物理课程教学改革研讨座谈会时，发现与会者都持观望态度，谁都不愿意第一个发言。为了避免出现冷场，罗老师先是详细、具体地交代了会议的主题及所要探讨、研究的问题，然后便微笑着说道：

看来，各位老师都在围绕今天的议题积极思考，是不是想"不鸣则已，一鸣惊人"啊？（与会者都笑了）要不，咱们今天就不按照以往会议的发言惯例，不区分学校所属片区，也不按照学校办学历史、招生规模来确定发言顺序，就从会议室的右边开始，大家按顺序轮流发言，怎么样？（大家都点头说好）

分析：与会者不发言的语用心理一般都比较复杂：有的虽然有话可讲，但不愿成为"破冰者"，主要是担心被后面的发言人批评，想根据别人的发言来完善自己的观点后再发言；有的则直接抱着"旁观者""旁听者"的态度，不愿意主动发言，除非被主持人点名才勉强说两句；等等。罗老师为了避免这种谁先说谁后说的交际尴尬，先向与会者详细说明了会议的主题，又对与会者进行了幽默的启发，随后又采取了按座次顺序轮流发言的方法。于是，座谈会便在大家的笑声中拉开了序幕，避免了会议冷场现象的出现。

【示例三】

某校初中二年级以"如何处理中学生早恋事件"为主题,组织班主任召开了一次工作研讨会。会上,各位班主任纷纷从学生实际出发,结合自己多年的工作经验,各抒己见。

马老师:我们班的学生出现早恋现象,我一般都不会轻易去责怪他们,因为一个人想爱、能爱,这本身就是一件好事。但是,作为老师,我会给他们提供一些参考意见,引导他们把自己对最美好感情的向往埋藏在心底,并转变为学习的动力,为自己美好的未来留下更多美好的回忆。

何老师:马老师说的有道理,但在具体工作过程中,我感觉处理起来还是比较棘手的。我们班有名男生,因为爱慕同桌的女生,整天不思学习,成绩明显下降,但女生并没有因此而受到干扰。考虑到这名男生以前学习成绩还不错,我就找他谈话,给他分析早恋带来的危害,比如早恋会荒废学业,学习成绩不好就上不了重点高中、考不上大学,更别提找一份好工作了等等。每次谈完话,男生都表示自己认识到错误了,但实际情况并没有得到改善。最近,他妈妈给我打电话,说孩子凌晨三四点都不睡觉。这件事情搞得我也挺焦虑的。

陈老师:何老师班上的这名男生,其实是自己没有力量也没有能力去消除早恋所带来的困惑,结果就走进了感情的死胡同。如果班主任的谈话没有产生效果,那么就不妨尝试着去理解、支持他摆脱这段无望的感情。比如说,跟学生家长沟通,请父母在家里尽可能提高孩子对情感世界的满足感。班主任这边呢,可以指导他如何通过提高成绩来引起更多同学的关注,包括他喜欢的那名女生的关注,同时告诉他:如果你真的喜欢这个女孩,那就要有勇气为她而改变自己。

姜老师:是啊,对待中学生的早恋问题,咱们老师不能简单地采用说教、指责、告诫的教育模式,而是要在全面了解学生的性格和特点的基础上,给予学生更多的理解和支持,为学生提供一些操作性比较强的行为策略,从而转变学生的认知模式,让他们看到希望,步入人生的正轨。

分析:中学生早恋事件,是中学教师经常遇到且处理起来比较棘手的工作问题。几位发言的教师都有自己的精彩之处:马老师平易亲切,但话语内容信息量不足,缺乏具体的对策;何老师善于观察分析,主动应对工作难题,但解决问题的思路过于单一；陈老师的发言切中问题的要害，听来令人信服；姜老师善于倾听，并能对他人的发言及时进行归纳和总结。这样的口语交际氛围，能够使与会教师专注于发言者的话语内容，并对其产生浓厚的兴趣，也能够达到激发与会教师积极思考、努力改进工作方法的目的。

（三）技能训练

【训练一】根据下面提供的研讨座谈话题，以小组为单位，轮流模仿研讨座谈会的召集人和与会者，进行口语交际活动的训练。

1. 学习新课标，践行新课堂
2. "双减"政策下的教学策略
3. 学科核心素养与课堂教学
4. ××课程期末复习备考
5. 主题班会的设计与实施
6. 学生心理健康教育
7. 新教师如何上好一堂课
8. 如何促进教师专业成长

【训练二】一次，你代表学校参加全省的教学研讨会，因为紧张而说错了话，引起了与会者的哄堂大笑。你怎样使自己镇静下来，并大方得体地解决这个问题呢？

【训练三】分析下面口语交际案例中教师表达存在的问题，总结教师在研讨座谈口语交际中应该注意的问题，并模拟该教师的话语角色重新进行表达。

在一次教研活动上，张老师不同意李老师的观点，于是便说道：

李老师，刚才您提出的这个问题，我个人觉得在实际工作中并没有可操作性，也不符合当前新课程标准的内容及要求。不好意思啊，恕我直言，您还是先好好学习一下新课程标准，再结合学生实际、工作实际、学校实际来发言。

这两天呢，我正好认真地阅读和学习了一下今年发布的课程标准，也结合工作实际进行了一些深刻的思考，对李老师谈到的这个问题有一些独到见解，我来给大家说说……

五、工作联络口语交际表达训练

教师除了在校园里、讲台上完成特定的教育教学工作外，还会因工作需要而与相关单位或部门进行联络。在此过程中，教师需要用口语表达，将学校的教育教学管理工作与社会联系起来，并由此成为学校与社会之间的重要沟通桥梁。

（一）训练提示

1. 工作联络口语交际的功能

学生的成长需要依托众多的优质教育资源，学校如能与家庭、社会积极互动，那么就能通过相关单位或部门的帮助和支持，获得更加丰富的物质资源和人力资源，为学生创造良好的教育教学环境。

所谓物质资源，是指学校所在地拥有的体育场馆、文化场馆、图书馆、历史文化遗迹、科研机构等文化设施。教师可在相关单位或部门的协助下，将这些文化设施转换为现成的或潜在的教育资源，让学生在课余时间能够广泛参加校外课外活动和社会实践活动。

所谓人力资源，是指社会各界、各条战线涌现的英雄模范、先进工作者、社会贤达及知名人士、社区服务志愿者等。教师可以根据教育教学工作的需要，适时邀请他们进校给学生作报告、开讲座，从而拓展学生的教育渠道，丰富课堂的教学内容。

由此可见，教师借助工作联络口语，能将师生所熟悉的当地的物质资源、文化资源融入学校的育人体系，有利于培养学生健全的人格，为学校的育人目标服务。当然，教师也应当在工作之余主动服务社会，如为社区开设有关课程或讲座、承担各类培训班的讲授任务，指导或协助社区举办运动会等文体活动等。这样才能通过学校与相关单位或部门的合作共赢，更加有效地促进双方的积极互动。

2. 工作联络口语交际的内容

教师进行工作联络时，首先要围绕工作目的及内容做好准备，列好谈话内容提纲及关键词，同时还要预设好随机方案或拟订好备用方案，确保在有限的口语交际时间内提高交际活动的效率。其次，在与相关工作人员交流时，要出具介绍信或其他相关工作证明，说明自己所在学校的基本情况和本人工作身份。再次，实事求是，如实向对方工作人员反映情况，说明由来。最后，注意细化所要解决的工作问题，包括时间地点、合作方式、双方的权利和义务、具体工作步骤或流程、经费的投入和使用等。

3. 工作联络口语交际的表达

教师在与相关单位或部门工作人员谈话时，应本着平等、尊重、互利的语用原则，立足交际对象、交际内容和交际目的，大方得体、通俗易懂地进行口语表达。例如：提问就是一种改变话语表达形态、促进受话人深入思考、掌握话语交际主动权的常用表达技巧，具体可分为选择式、直接式、间接式等提问方式。

（1）选择式提问

这是教师就两种或多种答案来征求受话人的意见，让受话人根据自己的意愿自由选择答案的提问方式。这种提问方式，能让受话人感受到教师热情、亲切、随和的交际态度，能较好地表达出对受话人的尊重和友好，有利于形成平等、和谐的交际氛围。例如：面对来访人员，教师可以说"给您来杯茶，还是来杯矿泉水？""您看，咱们先谈什么好？先谈你们的要求，还是我们的要求？""是你们先说，还是我们先说？"等。

（2）直接式提问

这是一种语义指向明确、要求受话人做出直截了当回答的提问方式，一般用于需要确切知道事件的整体情况或对方的思想观点，而对方又有责任和义务提供答案的口语交际活动，如"你们准备怎么安排这项工作？""您对我们的方案还有什么意见和建议吗？""我们双方的合作什么时候开始？"等。值得注意的是，直接式提问对交际双方之间的熟悉程度、默契程度具有较高的要求。如果交际双方属于初次联络，相互之间了解不深，且对方没有义务回答所提问题，那么就不宜采用这种开门见山式的提问方式。

（3）间接式提问

这是一种委婉含蓄、从侧面迂回的提问方式，用于交谈双方不太熟悉、交际任务比较复杂、意见分歧较大、利益关系不平衡等情况的口语交际活动。例如：如果对方提出了教师事先没预计到的棘手问题且要求教师做出明确的答复，教师不妨先稳住对方的情绪，再顺势引出自己要说的内容，如："您说的这一点确实重要，但它对我们今天讨论的工作是否具有决定性的作用，可能还需要斟酌。您看，我们是不是先抓紧时间把这个基础性的问题解决了？"

（二）案例分析

【示例一】

学校要与当地社区联合开展"文明小使者"公益活动。彭老师负责前往社区会议室与唐主任对接相关工作。

彭老师：唐主任您好！我是××中学的彭老师。学校安排我前来联系这次"文明小使者"公益活动的工作。（出具介绍信）这次又要麻烦您了，感谢咱们社区长期以来对学校工作的帮助和支持。

唐主任：彭老师，您客气了！咱们是互相帮助、互相支持啊！上个月，你们不是还安排一位体育老师来指导我们举办社区运动会嘛。您请坐！来，喝茶！

彭老师：谢谢唐主任！要不我先给您汇报一下我们的工作方案？

唐主任：好啊！社区也草拟了一份工作方案，咱们边说边讨论吧！

分析：彭老师在联系社区开展工作时，措辞礼貌，举止得体；热情地寒暄之后，就开门见山地主动引入谈话的主题。这样的口语表达，无疑赢得了唐主任的交际好感和谈话信任，双方也很容易在平等、融洽的交际氛围中完成交际活动。

【示例二】

学校准备暑假组织学生开展研学活动，请许老师联系当地一家具有资质的研学旅行社商洽此事。双方在学校会议室见面后，业务员热情、认真、详细地向许老师介绍了他们的活动方案，还重点强调了为确保师生出行安全，旅行社是如何精心安排、设计本次暑期研学活动的交通方式、活动路线的。

许老师：感谢您的介绍和说明，也感谢您在这么短的时间内就给学校提供了活动方案。从您的介绍中，我感受到了贵社对师生出行安全的重视，活动路线中涉及景点数量很多，参观内容也非常丰富。但是，学校开展研学活动，并不是组织学生去游山玩水、娱乐消遣，而是有既定的教学目标、需要完成的教学任务。如果方便的话，您可以把活动方案留下来，我征求一下老师们的意见，看看是否适合本次活动使用。

业务员：好，许老师，非常感谢！正如您所言，我们在设计方案时，只是按惯例安排了大多数人喜欢去的旅游景点，没有及时与您沟通，全面掌握这次活动的背景信息，这是我的工作失误，非常抱歉！活动方案就留给您，我们非常需要听取老师们的意见或建议，这样才能帮助我们不断提高产品质量，更好地为学校师生服务。您看现在是否方便先给我简单讲讲这次活动的目标和任务？我回去后先修改着方案，过两天我再联系您了解老师们反馈的意见和建议，然后再次对方案进行修改。三天之后，我重新给您报一个新方案，您看行吗？

分析：案例中的许老师在与研学旅行社的业务员交流时，态度友好，语义明确，既总结了活动方案的可取之处，也指出了活动方案的设计缺陷，而且说话留有余地，体现出了对工作认真负责的特点。业务员的回应比较得体，坦言自己工作失误，善于通过提问来提供解决问题的工作思路。在这样的话语交际氛围中，交际双方就比较容易达成共识。

（三）技能训练

【**训练一**】根据下面的交际情境，与同学一起轮流扮演教师和相关工作人员，进行双人或多人之间的模拟口语交际训练。

1. 到某企业协商学生赴企业开展科技活动事宜。
2. 与公安交通管理局商议共同开展交通安全教育活动。
3. 与社区商议成立"青少年心理教育咨询所"事宜。
4. 到歌舞团聘请专业人员指导学校教师歌咏比赛排练。
5. 与当地学生军事训练工作机构联系学生军训事宜。
6. 到社区接洽学校开展学生文明礼貌情况调查的工作。

【**训练二**】学校有一名学生在上学途中被闯红灯的汽车撞伤了，接到交警通知后，学校安排你前往处理这起交通事故。你准备对交警和肇事司机说什么？打算怎样维护学生的合法权益？

　　【**训练三**】以小组为单位进行讨论：教师在与社区联系工作的过程中，如果遇到令人尴尬的交际事件，应该如何应对？怎样进行话语表达？

第五章 教师体态语运用与实践

【学习目标】

知识目标:

- 了解"教师体态语"的含义,理解教师体态语的功能,掌握教师体态语的特点。
- 了解教师体态语的类型,理解不同类型教师体态语的特点。
- 掌握教师体态语的运用原则,理解不同类型教师体态语所采取的方式和方法。
- 掌握表情语、手势语、身姿语、空间语等的运用场景和建构。

能力目标:

- 能在教育教学场景中规范、准确地运用教师体态语。
- 能发现和剖析教育教学工作中教师体态语存在的问题及改进方法。
- 能结合自身实际优化体态语的运用,摒弃不良体态语,提升整体气质。

【知识导图】

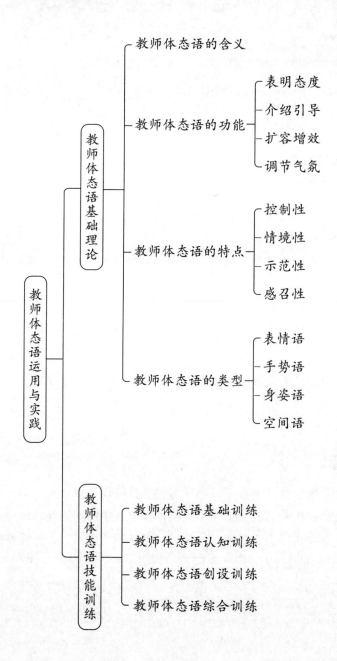

第五章 教师体态语运用与实践

第一节 教师体态语基础理论

一、教师体态语的含义

体态语,是指交际者运用身体外在变化来传递信息、交流情感的辅助性非语言符号。体态语在人类群体中具有一定的共性,也会因社会、时代、种族等因素而有所区别。正确理解和运用体态语,有助于提升沟通效果、改善人际关系。

教师体态语,是教师在教育教学工作中用来传递信息、表达感情态度的非有声语言符号。它既符合体态语的一般属性和要求,又体现出教师职业的气质和特点,属于教师职业语言的一部分,对有声语言起定性、强化、修饰和补充的作用,有时也具有独立表达功能。教师的体态语具有社会性、时代性、民族性和对象性。

二、教师体态语的功能

在面对面的授课环境中,教师的有声语言很难脱离体态语而单独存在,而在特定情境下,体态语却能独立发挥传递信息、交流感情的功能。即使是在教师体态语相对弱化的线上课程中,教师的表情、眼神、头势、手势等体态语依然会对授课效果产生持续的影响。根据教师工作实际,教师体态语的功能可归纳如下。

(一)表明态度

态度是人们对人和事物的内心评价及行为倾向,包含认知、情感、行为。口语交际活动中的体态语,无时无刻不在表明发话人对当下事物的判断与情感,如理解、赞赏、不满、批判、同情、满意等。对于教师来说,要避免无意识地表态,因为教师对某一事物表露出来的态度,往往会在学生群体中产生引导性的示范效应。例如：

B同学在学校中，只要看到英语教师陈老师，就低头绕路走开。班主任发现这种情况后，与B同学就此事进行了谈话。B同学说："陈老师只喜欢英语成绩好的同学，她从来就没有正眼看过我。看到陈老师时，我总是又自责又尴尬，只好绕着走。"

对于一些调皮、不听管教的学生，教师无意之中表达出来的爱憎很容易在班级中蔓延，形成情绪感染，导致一些学生盲目模仿教师对待同学的态度。这也是不受教师"待见"的学生往往很难在班上获得自信和快乐，并由此形成恶性循环的原因。

（二）介绍引导

介绍是教师在课堂中常用的一种表达方法：引荐一位新同学、新老师，或引入一个新的概念、一种新的实验方法，都会运用介绍。介绍的体态语，是有声语言的辅助，还常常会跟粉笔、激光笔、教具等其他辅助工具配合使用。它能帮助学生快速定位到教师所介绍事物的位置，节约课堂时间，还能快速提升学生对新鲜事物的接受程度。

在形象性突出、实操性较强的学科教学中，教师通常需要展示、示范、操作的环节和知识点多。引导性体态语，或由教师亲身示范，或通过多媒体展示关键环节，或通过学生现场操作设备等，能够让学生快速地掌握知识和技能。不同学科对引导性体态语的要求也各不相同。例如：舞蹈课程要求教师的体态语富于美感，形象鲜明；生物课程要求教师的体态语能传神地描述出各种生命的形态；语文课程教师的体态语可以热情豪迈；物理课程教师的体态语则要关注动作的精准性和细腻度。

（三）扩容增效

课堂教学时间是有限的，如果教师能用体态语在有限的时间、空间内传递出更丰富的信息，课堂效率将会得以提高。如果说有声语言是知识的一维传播渠道，教师的体态语就是二维传播渠道，能够在同一时空内增加信息传递的容量。例如：

钱老师是一位高中地理老师。在讲到地球的公转和自转时，为了让同学们更好地理解，这位衣着优雅的中年女士抱手蜷缩，一边以自己为中心自西向东缓慢旋转，一边以讲台为中心自西向东绕圈。形象生动的模仿，让同学们瞬间明白了公转和自转的概念。

（四）调节气氛

活跃的课堂气氛能活跃学生的思想，提升学习效率和课堂互动。教师的体态语能让喧闹的课堂迅速安静下来，也能让死气沉沉的教室瞬间充满活力。一成不变的课堂节奏，会令学生走神；过于跳跃的节奏，又容易导致课堂失控。例如：

白老师走进一年级6班的教室。按照之前的约定，白老师连续拍手三次，同学们立刻安静下来回到自己的座位上。白老师接着说："同学们，今天我们特别有幸地邀请到了三年级的几位优秀同学来给大家分享学习经验，让我们掌声欢迎他们！"说着，便微笑着做起鼓掌的手势。同学们也随之开心地鼓掌欢迎学长们。

可以说，恰切的教学气氛有助于激发学生的学习动力。传授具体知识主要依靠教师的有声语言，但在激发受众情感方面，体态语有时会比有声语言更有优势。

三、教师体态语的特点

教师作为传承人类文化的主要群体，一定程度上代表着知识权威，其言行在学生中具有示范效应。同时，教师的工作又带有强烈的情感性，这是教育教学工作良性互动的保障。由此所形成的教师体态语的特殊属性，主要表现为控制性、情境性、示范性、感召性。

（一）控制性

教师体态语的控制性，指教师运用体态语时应符合工作的属性、场景和对象，而不应是随心所欲的表达，应注意区别于教师作为个性主体时的体态语。因此，教师要摒弃一切和教育教学无关的体态语，所有的体态语应有所预设、有所选择。对于容易引起学生误解、伤害学生感情和展示出负面形象的体态语，教师应有意识地规避。当然，控制性并不等于"束手束脚"，而是要求教师通过训练，使自己的体态语更加符合职业化的特点。

（二）情境性

所有的体态语，都是人们在特定情境中有意识或无意识的反应。对于教师来说，体态语的情境性主要来源于学科特点、教学环境和教学对象。

不同的学科对教师体态语的要求不尽相同。一般来说，实践性的学科或课程对教师体态语的要求最高，如体育、舞蹈、表演等课程的体态语就变化频繁，并要求准确灵活，口语表达往往起到补充说明的辅助作用；以口语表达为主的理论性学科，其内部也有不同特点，如语文、历史、道德与法治等科目需要形象描绘，体态语往往可以辅助塑造形象，而数学、化学、物理等科目则更加注重抽象思维，体态语可以辅助抽象思维具象化，但影响力较小。

教师的体态语还会受到教学环境的影响，如天气、温度、风力，以及上课场地（如教室、实验室、体育馆、操场等）、设备、教具等。例如：体育课程的球类教学，需要考虑风向和风速的问题；狂风大作的天气，会让教室里的学生分神甚至恐惧。教师应对此做出适当的引导和调节。一般来说，教学环境越开阔，教师体态语的幅度就要求越大、越明确，这样才能让远距离的学生清晰接收。又如：每所学校、每个班级都会有自己的校风、班风，这些都会制约和影响教师体态语的运用。

教师体态语的情景性还来源于教学对象的特点。教师运用体态语，不仅要考虑教学对象的年龄层次、性别特点、社会属性、性格特征、生理特点，还要考虑不同学生的认知水平、学习能力以及自身素质等。例如：对于低龄段的孩子，教师的体态语需要变化频繁、略显夸张；反之，对于高龄段学生，过多的体态语反而会分散其注意力，甚至引起反感。又如：教师蹲下来同孩子交流，往往能让学生感到获得尊重，容易获得较好的交流效果。

（三）示范性

教师体态语的示范性，指教师的体态语应该符合生理健康、社会礼仪要求，兼顾体态美的示范，能让学生在耳濡目染中习得良好的体态语表达。

对于教师而言，符合学生生长发育特点的体态示范是首先要考虑的因素。弯腰驼背、眯眼斜视等不健康的体态语，需要师生共同关注。其次，教师要注意不同社会、民族、阶层长期形成的社会礼仪，求同存异。总之，教师体态语的示范，应以健康、协调、大方得体、自然流畅为基本导向；结合自身特点，不勉强、不局促、不做作、不呆板。

（四）感召性

教师体态语的感召性，指教师的体态语应该以正面示范和积极鼓舞为主，激发学生的正向情感，让学生对学习充满动力，对生活充满热情，对人充满善意。教师是校园中正面情感的触发者和引领者。教师积极向上的体态语，能够使学生增加力量、勇气、快乐和信心。因此，教师要善用积极体态语，让积极向上的体态语在班级、学校中形成风气，让整个校园都沉浸在积极、快乐、阳光的文化氛围中。

四、教师体态语的类型

从表达系统的角度看，教师体态语可分为表情语、手势语、身姿语、空间语等。

（一）表情语

教师的表情语，是指思想感情的变化在其面部所引起的变化，包括眼部表情和面部表情两种类型。

1. 眼部表情

眼睛是心灵的窗户。当人们出现兴奋、愉快或紧张、恐惧等情绪时，瞳孔会放大，还会瞪大眼睛；当人们看到自己厌恶的人或事物时，瞳孔会缩小，眼睛会眯缝起来；当人们承受巨大的压力或身体出现疾病时，眼皮可能会跳动；当人们的眼睛左顾右盼时，说明在刻意处理某些信息，有说谎的可能；当人们放松时，眨眼的速度会放慢；当人们精力不济或感到厌烦时，则可能会出现目光呆滞。同时，眼部肌肉变化还会带动眉毛变化，如眉尾立起表示愤怒，眉头紧锁表示担心，低眉顺眼表示顺从，挤眉弄眼表示戏谑，眉形舒展表示平静或宽慰，眉梢跃动表示愉悦等。因此，教师要有意识地运用眼部表情去提醒、鼓励、鞭策、安慰学生。

（1）点视

点视，是指教师的眼睛跳跃性地看向某些地点或人，属于一种提示性体态语。教师在教学过程中，可以运用点视来提醒学生"这是知识的重难点""上课不要说话""表现很不错"等。学生在课堂中接收到教师的点视，会感受到老师正在关注自己，言行会变得更加规范。教师也可以经常随机地与学生保持目光的接触，这样能有效增强课堂的交流感和互动性。

（2）环视

环视，指教师的眼神缓慢地从一个位置移动到另一个位置。环视不仅能让教师快速了解班级和学生的基本状态，还可以引起学生注意、兼顾多数同学感受或起到监督和督促的作用。例如：教师讲课时不断环视前后左右的学生，即为提醒每一个学生注意专心听讲，尤其是坐在后排和边缘的学生会有更为强烈的感受；学生自习或考试时，教师运用环视能提醒学生更加独立、专注地完成学习任务。

（3）注视

注视，指教师的目光较长时间地固定于某人或某处。注视既可以表示严肃的警示，也可以表示喜爱与关注，具体取决于教师的表情、眼神的配合：表示严肃感情时，教师应表情严肃、认真，掌握谈话的主动权，向对方施加压力，使学生认识到自身问题，接受改正意见；表示喜爱、关注时，表情要亲切、自然，可面带微笑，学生会感到如沐春风，更容易打开心扉。需要注意的是，教师注视学生时，位置一般为对方的面部倒三角区，即双眼与嘴唇连线形成的部分。当然，教师也可以注视远方，表达深远的思绪和愿景。

2. 面部表情

教师常用的面部表情，主要有喜悦、好奇、赞扬、欢乐、质疑、惊讶、严肃、生气、难过等。需要注意的是，教师要避免使用轻蔑、冷淡、羞涩、挑衅、麻木、狂妄的面部表情。

（1）喜悦

喜悦源自内心的理性、自信和成熟。喜悦不一定通过微笑表达，但如果能做到面部肌肉整体上提，嘴角微微往上翘，眉头舒展，就会使教师看起来显得温暖和煦，不仅有利于学生静心学习，也有利于班级和谐氛围的形成。

（2）好奇

好奇是渴望求知的表情，常常体现为眉头上扬，眼睛略微睁大，嘴巴微微张开，有时还会带有一丝笑意。教师好奇的表情，能激发学生打开话匣子的勇气，也能鼓励学生把事情做得更好。如果受话人的言行不属于积极、正面的内容，教师应克制自己的好奇心，问清楚事情的原委后，再进行引导和教育。

（3）赞扬

赞扬指教师对某人或某事的优点、能力、特质表达称赞和颂扬，其程度高于夸奖，通常体现为由衷的笑意、赞许的眼神，以及点头、竖大拇指等体态语。教师赞扬学生，不仅可以使学生本人受到极大的鼓舞，而且还会对周围学生产生榜样示范效应。

（4）欢乐

欢乐是一种比高兴更加高涨的情绪。此时，教师的笑肌会明显出现收缩而致使嘴巴大开，眼睛也因肌肉的收缩而眯缝起来，甚至还会伴随身体的前仰后合。欢乐的表情容易拉近师生之间的距离。教师应注意避免在他人感觉尴尬、难堪时表现出欢乐的表情。

（5）质疑

质疑是教师对某人或某事存有疑问，持有怀疑、不相信的情绪，具体表现为眉眼略微提起，眼神坚定，面部肌肉紧绷，嘴唇紧闭。教师进行质疑时，要注意拿捏好分寸：质疑太浅，可能得不到真正的答案；质疑太深，又会伤害对方的自尊心和彼此的信任感。

（6）惊讶

惊讶是对某人或某事感到奇怪、惊异。惊讶时，双眼睁大，瞳孔放开，脸颊肌肉松弛，嘴巴微张。当然，惊讶的表情，有时会根据事物性质而有些许差异，如惊喜会伴随着嘴角上扬，而错愕会伴随着眼神零乱或眨眼。

（7）严肃

严肃是理性认真、令人敬畏的状态。严肃的表情来自教师态度的严谨、对学生的责任和为人处事的原则。严肃的表情，一般是面部肌肉紧张板正，五官各归其位，程度较深时甚至轻皱眉头，眼神尖锐犀利。严肃的表情，会让人觉得教师凛然不可侵犯，同时也会产生距离感，让气氛变得紧张压抑。因此，教师的严肃表情一定要有的放矢。

（8）生气

生气指遇到不称心的人或事而感到不愉快，包含各种不同程度的发怒。生气时，教师的眉毛会往下拉且向内紧缩，上下眼睑有靠近的趋势，眼神冷酷严厉，双唇紧闭或裂开一条缝，气息粗重而上浮，甚至咬牙切齿。通常，当国家、民族、学校、班级、学生或个人遭到冒犯时，生气的情绪在所难免；同时，生气也是为了让冒犯者明白问题的严重性，界定原则界限，避免类似事件再次发生。教师表达生气时，要把握好度：程度太浅，会暴露出原则感不足；生气太盛，会破坏人际关系，伤人伤己。

（9）难过

难过一般表现为内心酸楚，面部松垮，眼神下垂，黯淡无光，嘴角下撇，气息短而凝重。教师面临班级成绩严重下滑、某名同学遭受严重意外、教学工作进入困境等情况时，运用难过的表情能激发受话人的同理心，增强集体凝聚力，让大家团结一致，攻克难关。

第五章 教师体态语运用与实践

喜悦的表情

好奇的表情

赞扬的表情

欢乐的表情

质疑的表情

惊讶的表情

严肃的表情

生气的表情

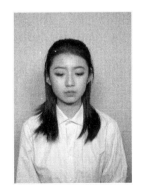
难过的表情

（二）手势语

手势指手臂、手的姿势，以及手臂、手加上手指、手腕、手肘和肩等关节的动作和体位，具有丰富和灵活的特点。手势语是人们在长期的社会实践中形成的，因其某种特定的含义而具有社会性、行业性的特点，如海军陆战队的手势语。教师的手势语虽然没有系统化，但也有一些使用频率较高、约定俗成的交流体态。

1. 指势

手指是人体最灵活的部位，不仅能帮助大脑完成各种任务，也会在不经意间透露出交际者的心理状态。除了社会通用的"V"型指势、"OK"型指势和交叉型指势等，教师在工作中经常使用的还有竖起大拇指、伸出食指、数字型指势、握拳和掌状型指势等。

（1）竖起大拇指

一手握拳，大拇指向上挺立，表示肯定、赞同或表扬的意思。当教师遇到学生反应快速、回答准确、成绩进步较大等情况时，可通过该指势表达教师的鼓励、肯定之情。

（2）伸出食指

伸出食指，合拢另外四个手指，常用于指引学生明确方向、地点、物体和操作，如在课堂教学中引导学生看某处、听某声、注意时间等，能有效调动学生的注意力。此外，教师伸出食指，还可以表示数字"1"，或用食指竖着靠近嘴唇表示"请安静"。需要注意的是，食指不能向下指，这表示抗议和挑衅。

（3）数字型指势

教师在课堂教学中常需要表达数字，并会配以指势来引起学生的注意。下图为数字1—10的指势展示。

第五章
教师体态语运用与实践

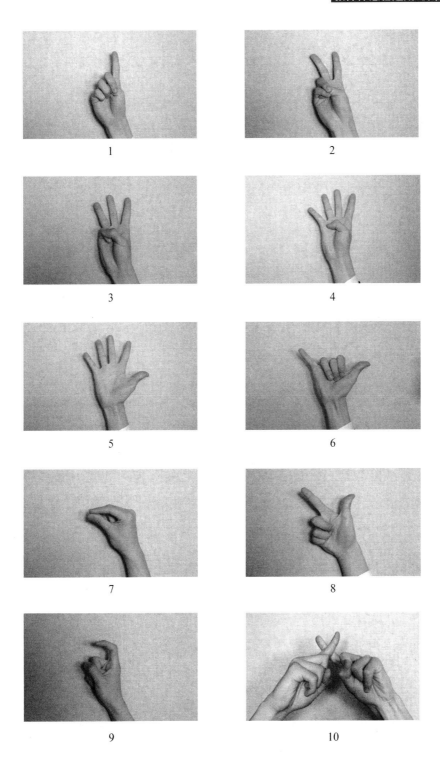

183

（4）握拳

单手握拳或双手握拳，拳心自然向内，常用来鼓励学生加油、努力。使用该手势时，注意不要拳心向外，握拳力度不能太松，以力量传递出必胜的信念。

（5）摹状型指势

摹状型指势用于模拟某人或某物的特征，能使表述更加形象具体，如用手比画柱子的粗细、枝条的长短、器材的大小等。例如：教师在表达"世界上最小的蜂鸟，体型还不如人的小拇指长"这句话时，就可以用自己的小拇指横向演示蜂鸟的大小。

摹状型指势

教师使用摹状型指势时，应表意准确，动作舒展、简洁、明快，不必纠缠于细节展示。

2. 掌臂势

手掌和手臂常配合起来使用，故此处将掌势和臂势放在一起讨论。

（1）鼓掌

双手在胸前以 3～5 次/秒的频率拍手，可表示鼓励和祝贺。如果把双手举到脸部及以上的位置拍手，则表示热烈祝贺，表示对方的成就非同凡响。如果拍手的频率很高，则有欢欣鼓舞的意思。如果拍手的频率降低到 1～2 次/秒，则有傲慢、嘲讽的成分，不建议使用。

有时，教师可连续鼓掌 3 次表示引起学生注意。这种方式多用于幼儿园、小学低年级学生，常配以儿歌、口诀等来让学生统一行动。

（2）伸手

这是单手伸向某方向、手心向内或向下的指示性体态语，示意受话人看向某处，或邀请某人发言，是教师在课堂教学中常用的手势。教师伸手指示时，要注意动作伸展、大方；缩手缩脚，则会传递出不自信的负面情绪。

有时，教师伸手还能象征某种事物或观念。例如：教师在表达"希望大家能在考试中披荆斩棘、一往无前！"这句话时，可用一只手掌向前上方有力劈去，象征性地表达"一往无前"这个抽象概念，能有效增强话语表达的气势。

（3）张开双臂

教师可双臂微屈，自然分开，以类似准备拥抱的姿势表示拥抱自然、拥抱未来、接纳对方。如果教师同时配合以注视的眼神和亲切的微笑，则表示等待拥抱受话人，适用于需要安慰的学生，如儿童或幼儿。

（4）挥手

抬起单臂或双臂挥舞，可表示问候、告别。通常，挥手的频率可以反映出动作发出者的情绪状态：挥手频率高，表示动作者心情激动或内心充满热情；挥手频率低，表示动作者内心较为平静。例如：运动场上教师的挥手呐喊，能增强运动员奋力拼搏的勇气；走进教室时的挥手致意，能表现出对学生的热情与亲和；送别学生时的挥手，能表现出老师的依依不舍。

（5）摆手

摆手是单手或双手打开，掌心面对前方左右摆动，表示拒绝、否定等含义。摆手与挥手的区别为：挥手需要手臂的带动，要求手臂伸展；摆手则强调手腕的摆动，手臂呈弯曲状。

（6）抬手

教师一只手掌打开，向前高出抬起，可表示邀请或要求某人做某事，如示意学生起立回答问题等。如果是两只手掌同时向前上方打开抬起，则表示请全体起立、抬头等向上的含义。如果是双手向侧上方打开抬起，即"摊手"，则表示真诚或无奈。

（7）手掌下压

双手微屈伸向前方或前侧方，掌心向下，缓慢下压。这个动作可示意全班同学安静或停止做某事，如能配合有声语言使用，则有助于使情绪激动的学生快速平复下来。

(8) 握手

交际双方分别伸出右手相对而握，可表示友好的态度。一般来说，教师与同事、同行、学生家长见面时都可以握手，握手要真诚热情。如果是与同事握手或接待学生家长，则可主动伸出右手与其相握；如果是面对长者或领导，一般需要等待对方先伸出手。此外，多人同时握手表示紧密团结的意思，如表达"我们要像家人一样紧密团结在一起！"这句话时，教师就可以紧紧地将同学们的手握在一起。

(9) "丁"字手势

教师的一只手手心向下平放，另一只手打开手掌，手掌与胸口垂直，向上顶住平放手的手心，可表示停止或暂停的含义。该手势多用于体育训练或比赛，也可用于课堂示意停止某行为。

(10) 轻拍某处

教师用手掌轻拍某处，具有示意和引起注意的作用，如轻拍注意力不集中的学生的肩膀，以示提醒；轻拍上课看课外书的学生的书桌，以表警告；轻拍自己的头部，提醒学生动脑筋；轻拍书本，提醒学生要注意看书等。

(三) 身姿语

身姿语指身体的姿态、动作所表达出的信息，包括站姿、走姿、坐姿和头势。

1. 站姿

站姿是教师在授课时最常用的姿态，也是最能体现一个人精神面貌和身体状态的姿态。不良的站姿，不仅严重影响教师的身体健康，而且还会给学生留下不稳重、不可靠的印象。

教师的正确站姿，应保持脊柱中立，垂直于地面，避免倾斜或倚靠；头颈部保持正直，双肩平整，微微放松下沉，挺胸收腹，避免含胸驼背；双脚略微分开，膝盖站直，双脚脚尖张开约60度，重心尽量下放居中。

教师常用的站姿，包括自然式站姿、前进式站姿和丁字步站姿。三种站立方式的上半身姿态基本相同，区别在腿部和脚部动作。自然式站姿要求双脚分开与肩同宽，双脚基本平行，这种站姿最为稳健，也最为通用。前进式站姿的双脚一前一后，便于前后移动。丁字步站姿多为女性教师使用，双脚呈丁字形靠拢，显得优雅和温婉。

男教师站姿

女教师站姿

2. 走姿

从容稳健的走姿，能够给人以沉着稳重的印象。教师的走姿应符合授课的节奏，不能对学生专注力构成干扰。例如：授课时讲到情绪激昂处，步伐可以快速矫健；讲到从容开朗处，步伐可以平缓轻盈；学生做习题、考试时间和午休时间，则不宜频繁走动。

总体来说，教师的走姿要保持肩膀打开，腰背挺拔，步履要从容平稳，步幅适中，脚尖不能呈"内八字"或"外八字"。女教师的步幅一般为30厘米左右，行走时以"一字步"为主，收腰提臀，展现出温婉矫健之美；男教师的步幅一般在50厘米左右，以"平行步"为主，展现出英武刚健之美。

教师在走动过程中，要注意动作不能随意：身体前倾、大摇大摆、抱着手、叉腰挺肚，容易给人留下自满、自夸或粗鲁的印象；低头驼背、手臂紧夹、脚步拖拉，容易给人留下不自信或消极的印象。

3. 坐姿

教师的坐姿应体现出稳重、端庄的特点；入座轻盈，坐定后稳定大方，离座时快速无声。

教师常用的坐姿是正襟危坐，双手可放于书桌或讲台上。女教师的双腿可以自然下放或斜放，男教师则可以开膝垂腿，双脚平放于地面。教师就座后，不能抬头仰身靠在座位上，显得傲慢、消极；也不能把脚放在桌子上或对面的椅子上，或者跷起"二郎腿"，显得放纵、失礼；更不能弓身趴在桌子上，显得无精打采。

男教师坐姿　　　　　　　　　　女教师坐姿

4. 头势

头势，指头部的姿势和动作。头部姿势有抬头、低头、头部倾斜、头部后仰；头部动作包括点头、摇头、转头等。头势常常和表情配合使用。

（1）点头

头部上下点动1～3次，表示"同意""赞成""肯定"。一般来说，点头的动作幅度不宜过大，缓慢轻微的点头更能传达由衷的赞同。特殊情况下，教师也可用幅度较大的点头来表示赞同中略带惊喜甚至佩服的含义。

（2）摇头

头部连续左右转动1～2次，表示"否定""拒绝"。有的时候，摇头也可用来表示"无奈"之意，如对屡教不改的学生摇头，表示失望。

（3）侧首

侧首，即把头部向一侧倾斜，表示"怀疑""不敢相信"或"感兴趣"。通常，倾斜的角度越大，则表示"怀疑""感兴趣"等情绪越强烈。例如：教师对学生的话语感兴趣时，会面带微笑侧首倾听，以鼓励学生继续表达；如果侧首时表情严肃，则可能表示"怀疑""惊讶"。

（4）抬头

头部略微上扬，眼睛看向对方，这是显示威严或权力的姿势。例如：教师遇到态度恶劣或没有礼貌的学生或家长时，即可用抬头来加以警示和震慑，有效维护教师形象。

在交际过程中，倾听某人说话时，头缓缓抬起，往往表示兴趣被唤起或感到惊讶；倾听过程中，头突然抬起，则说明不赞同对方观点。教师抬头时，要注意不可抬得过高，会显得傲慢无礼；在没有警示、震慑之意时，要慎用抬头体势，否则会让学生觉得老师高傲不可亲近。

（四）空间语

空间语，包括空间距离和身体指向。教师如能善用空间语，可使教育教学工作的效果事半功倍。

1. 空间距离

（1）教师的个人空间

第一，个人空间具有可变性。教师交际场景的不同会引起个人空间的变化。授课时，教室里的讲台和讲桌会赋予教师高大权威的形象，让教师的话语内容更加具有可接受性。现在一些学校使用的智慧型教室，让教师的讲桌和学生的课桌同等高度，营造出平等交流的氛围。

除了教室设置之外，教师也可以自行改变个人空间。当教师需要强调自己的权威话语角色时，如整顿班级纪律、批评学生、强调某事的重要性等，可站在较高处，与学生保持较大距离，让学生明确意识到事件的严肃性。当教师需要拉近与学生的心理距离、融入学生群体时，如与学生谈心、组织学生参加集体活动、探望生病学生等，可与学生促膝而坐，甚至手拉手、肩并肩，体现出亲切、亲密、和谐的师生关系。

第二，个人空间具有文化差异性。不同社会、同一社会的不同时期，以及同一社会的不同年龄、性别的交际者，对空间语的理解都会存在一定的差异性。例如：西方人更加强调个人私密性，对个人空间的要求也更大，社交距离通常比较大；东方人对个人空间的要求较小，大家在排队、乘电梯、购物等场景下，常常发生肢体接触甚至身体的碰撞。又如：教师在需要与女学生发生身体接触时，女教师被学生接受的程度更高，而男教师与女学生的身体接触则可能被认为是侵犯或暧昧。

第三，个人空间具有区域性。与熟识的同事、学生接触，教师可适当拉近距离，亲近交谈，握手、拍肩等动作有时甚至能起到更好的鼓励效果。但是，在与领导、前辈或学生家长交谈时，则需保持 1～3 米的社交距离；对于需要单独批评教育的学生，师生之间可相隔 1 米左右，既可以保持警示教育的震慑力，又不至于显得太过强势逼人。

（2）学生座次的排布

通常，教室的结构和教学设施都是固定的。但教室中的座位一般是可以移动的，由此便出现了不同的座次排布和换座方式，并影响着师生之间、学生之间的交流方式和效果。常见的学生座次排布有横排型、圆圈型、U 型、小圈组（三角组）、餐桌型等。

横排型座次，是最常见的教室座次排列方式。课桌排排相接，面向讲台。其优势是可以在有限的场地中容纳更多的学生，学生可以正向面对老师。劣势是缺乏分组和讨论的环境，后排的学生不容易和老师交流。横排型座次适合人数较多的班级，要求学生全身心投入听讲，不做讨论和实践；也适合考试和测验使用，促使学生独立完成学习任务。

圆圈型座次，要求学生在教室中围成一个大圈，面向圆心而坐。其优势是学生可以随时面对面讨论，大家的言行都一展无遗，学生不太容易开小差，教师在圆圈内走动也不会受到课桌椅的阻碍，有利于营造师生平等的交际氛围，方便学生在圆心处进行展示；劣势是只适合小班教学（30 人以内为佳），教师的权威话语角色会被削弱。圆圈型座次适合讨论课、练习课、辅导课和实践课。

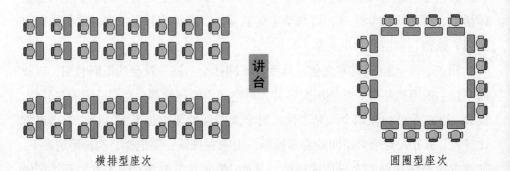

横排型座次　　　　　　　　　　　　圆圈型座次

相对于圆圈型座次而言，U 型座次容纳的学生较多，每位同学都有较为均等的与教师交流的机会，教师也保留一定个人空间和话语权威，有利于控制课堂节奏。劣势也是只适合小班教学。U 型座次适合讲授课、练习课、辅导课、实践课，学生对座次的选择也比较自由，教师可以在各种课型中自由切换。

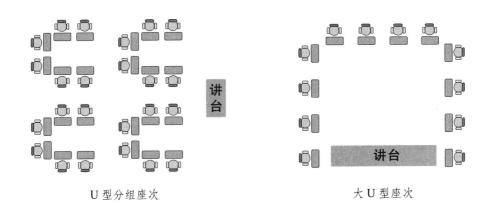

U 型分组座次　　　　　　　　　　大 U 型座次

小圈组和三角组座次，指学生按照分组排列成若干个小圈或三角。这种座次排布最大的优势是方便进行分组讨论和总结，可以最大限度地调动学生的参与度。劣势是部分学生的角度不利于看黑板、教师，需要经常调整角度；另外，对场地的要求比较高，适合不超过 45 人的班级。小圈组和三角组适合讨论课、辅导课、练习课。

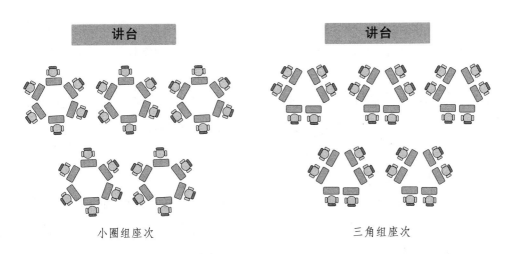

小圈组座次　　　　　　　　　　三角组座次

餐桌型座次，是指学生们两两相对而坐，并且座次紧密排布的座位排布法。它适合需要有搭档配合的训练或讨论场景，面对面的两位同学可以互为听众或观察员，有利于及时获取不同的反馈和意见。同时，教师也能方便地对每组学生的训练或讨论进行观察、检测，及时进行指导。餐桌型座次对教室的空间、人数没有过多限制，适用于练习课、讨论课等。

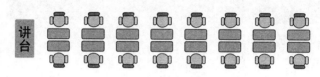

餐桌型座次

2. 身体指向

身体指向，是指教师面对交际对象的角度、方向，常与身姿配合使用。

（1）面对型指向

当教师与学生面对面时，双方的表情、眼神、身姿、手势等展露无遗，是一种真诚、直接的身体指向方式，也是教师工作中最为常用的身体指向。如果教师保持与学生相同的高度，则会让对方感受到平等与尊重。如果没有特殊情况，面对面交流是一种礼貌的交际方式。

（2）背对型指向

背对型指向通常用于教师书写板书、悬挂物品等交际场景。由于背对人交流往往会被视为抗议、不尊重，如学生感到委屈时就可能会背对教师，所以教师即便是在板书时，也不宜长时间背对学生，以免导致课堂教学秩序失控。

（3）并列型指向

并列型指向，指师生并排且面向同一方向，适用于教师与学生共同游戏或协作的交际场景中。并列型指向不利于言语交流，但容易让师生之间产生共情，增进彼此默契。

（4）侧身型指向

侧身型指向，指教师侧身斜对学生，一般出现在教师有所指向或不经意间经过的瞬间。在口语交际中，由于身体侧对交际者不能展示全部信息，可能会被受话人视为清高、傲慢或有所保留，不能坦诚相待。

第二节 教师体态语技能训练

■ 训练目标及要求

1. 掌握教师体态语的相关理论和基础知识，培养健康美观的体态表达，并通过训练，达到体态语和有声语言的高度契合；能够准确、清晰地运用体态语辅助教育教学活动，使之更加生动、艺术。

2. 研读"案例分析"，适时参加课堂观摩活动，揣摩教师体态语的运用规律及技巧。注意阅读和学习与教师体态语有关的文献资料，学习模仿典范的音视频和图片，通过实际交流训练，对教师体态语的表达及效果形成正确的认知。

3. 进行教师体态语训练时，要注意个体性原则、对象性原则、文化性原则、时代性原则和科学性原则。

（1）个体性原则

每个人都有自己的生理和心理特点，知识结构和性格特征也有差异。因此，教师体态语的运用，首先要与教师教育教学工作中的心理状态贴合，避免"词不达意"，其次，要适合自己的身份、年龄、外形、性格等特点。准确性、得体度不高的体态语，会在一定程度上影响体态语的表达效果，甚至影响教师本人的形象。

（2）对象性原则

教师的体态语运用，应与受话人的特点相贴合。在面对不同年龄层次、身体状况、文化结构、性格特点、知识层次的交际者时，教师要在不违反大原则的基础上，充分考虑其心理特点，注意受话人的接受程度和兴趣爱好。

（3）文化性原则

不同的文化背景下，同一体态语表达的意义可能不尽相同，甚至截然相反；即使是同一体态语，动作频率不同，或者是配合的表情不同，也有可能引发歧解或误解。因此，教师面对不熟悉的交际者时，要充分了解对方的文化背景和体态语的特殊含义，慎用意义不确定的体态语。

（4）时代性原则

作为语言的一种重要形式，体态语和文字、话语一样会因社会的变化、时代的更迭、科技的发展和语言系统内部各种因素的相互作用等而演变，教师需要不断更新自己的认知，充分了解不同时代、不同行业出现的新型体态语，从而让教师与学生们更好地融合。

（5）科学性原则

良好的教师体态语，需要健康的骨骼和肌肉力量的支撑。科学的饮食习惯和运动习惯，有助于教师保持良好的体态和健康的身体。因此，养成科学的饮食习惯和运动习惯是教师用好体态语的基础。此外，教师体态语的准确美观，还应符合自身的生理健康及特点，以损害身体健康为代价而获得的美观的体态语是不可持续的，也是不值得提倡的。

一、教师体态语训练提示

（一）注意教师体态语的内在要求

第一，在教育教学工作中，教师的体态语是辅助有声语言表达、提高口语交际效果的重要手段。因此，教师应围绕口语表达的需要灵活调整自己的体态语，切忌千篇一律地使用体态语。同时，教师体态语的运用要自然融入口语交际的整体，不能破坏话语交际的整体美感。

第二，教师体态语的表达还要注意适宜性，不可盲目模仿他人，平时可以在镜子或镜头前打磨出适合自己的体态语。

第三，体态语的运用要注意场景和对象，以不变应万变的体态语，从表面上看似乎能带来稳定的人际关系，但却不一定能取得最好的交际效果。

（二）注意教师体态语的形成因素

第一，正确的体态语，首先来自教师个人的性别、体格与性格。例如：男教师过于女性化的体态语，或者女教师过于男性化的体态语，都会给人不适之感；体型娇小的教师，体态语却动作豪放，或者是体型健硕的教师，表情却过于柔美,同样具有违和感。

第二,体态语的构建要顺应交际者所处的时代、社会和文化等背景,如海外留学归来的教师,不能将国外的礼仪照搬到国内的课堂上,否则容易让人不解或产生歧义。

第三,体态语的构建要服务于课程内容和教学需要,切忌因刻意或过分强调个性化的体态语而忽略了课程教学的实际。

二、教师体态语案例分析

【示例一】

小张是刚毕业的大学生,因为人长得高大帅气,在走进课堂之前,就受到了同学们的广泛议论。

今天是小张的第一堂课。他一进门,学生们就开始欢呼。但因为对课程内容教学没有信心,加之初次登上讲台心情高度紧张,结果小张就一直站在讲台上,眼睛盯着电脑屏幕上的课件;即使与同学偶尔有眼神交流,速度也是极快。

下课铃响了,小张腼腆地笑着对同学们说:"下课!"然后,就快步走出了教室。

分析: 新入职的教师初登讲台难免会感到紧张、不自在,但小张在整个教学过程中始终显得不够大方,也缺乏美感,更谈不上准确。对于新教师来说,走上讲台时,可以选择与亲和力较强的同学进行点视,在教室中进行环视,通过与学生的眼神交流,展示教师的态度和指令,快速收集学生状态,调节讲课的进度和内容;真诚、自然、坦率地表达自己的真情实感,不一定始终都把笑容挂在脸上,教学过程中产生的质疑、惊讶、赞扬等都可以及时与学生交流;讲课时,可以适当在教室里走动,改变师生之间的空间距离,既能拉近与同学之间的距离,又能与不同方位的同学进行有效交流。与此同时,新教师不要刻意去关注某些搞怪学生的表情,也不要去探究学生为什么没有表情,以免增加自己教学中的心理负担。

【示例二】

每次上课时，周老师总是带着激光笔和伸缩教鞭，喜欢与学生进行近距离互动。在讲台讲课时，收放自如的教鞭在黑板、模型、教材、投影幕布上灵活地"指点江山"；走到同学中时，手上的激光笔能准确地指向黑板或投影布上的关键点。周老师经常打趣地对学生说："激光笔和教鞭让我的手伸得更长了。"

分析：在教学工作中，激光笔、教鞭是教师手势语的延伸。恰当地使用这些教具，不仅反映出教师对教学内容的高度熟悉，也透露出教师心中满满的自信。从课堂教学效果来看，周老师运用手中的激光笔和教鞭，不仅准确指明了课堂教学内容，节省了教师因为位置变化所需要花费的走动时间，而且这种高效、简洁的体态语，也让课堂增添了几分科技感。

【示例三】

一天，王老师走进初二（4）班教室，准备上英语课。突然，王老师发现日光灯上挂着一双双脏球鞋，遍布整个教室的屋顶。王老师一气之下用手指着全班同学说："你们对我有什么意见？！"继而转身指向班里最调皮的学生，带着愤怒的表情说："是不是你带的头？！"全班同学都不敢说话。话音刚落，王老师快速转身，摔门而去。

分析：青春期的学生容易表现出叛逆性，相对于儿童，他们的体力和智力都有了明显提高，并且精力旺盛，容易"惹是生非"。但是，这种现象不一定是针对具体的某人或某事。王老师的体态语违反了得体性原则、和谐性原则，很容易导致师生之间的情绪对立；尤其是王老师"摔门而去"的动作，明显带有拒绝与学生沟通的意思。其实，对于学生，教师不仅有"授业"的职责，也有"传道"的义务。当面对学生的"冒犯"时，比发泄情绪更加重要的是教师对学生的引导和教育。

【示例四】

小孙老师因为性格较为内向、腼腆，讲课时经常眼睛紧盯电脑屏幕、黑板或者是地面，不敢抬头正视学生。同时，因为眼睛高度近视，小孙老师在寻找某个人时，总是习惯于长时间地看向某处。一些调皮的同学常常在看到他呆滞的表情和眼神后，偷偷地在背后模仿他的动作，引得全班同学哄堂大笑。

分析：交际者在言行中无意流露出来的眼神，往往透露着其本人的性格与态度。不管是生理因素还是心理因素所导致的消极眼神，如漠视、斜视、垂眼、呆视、瞪眼等，都会给口语交际活动带来负面的影响。因此，性格内向、言行拘谨的教师，要有意识地训练自己的眼神，让自己不再惧怕与交际者的眼神接触，并且要能够通过眼神传情达意。同时，注意佩戴合适的眼镜，有意识地控制自己观察人物的方式，就能在很大程度上规避这些负面的体态语。

【示例五】

初三（1）班的教室向北，阳光难以直射进来。这段时间，教学楼旁边的操场正在整修，机器工作时发出的噪声非常大。为了缓解同学们的学习压力，增强同学们的抗干扰能力，班主任李老师买了些竹子盆栽放在教室中，还请同学们轮流为竹子浇水。

分析：空间语是体态语的重要组成部分，但因为教室的布置相对固定，可改变的因素不多，所以常常被教师所忽略。事实上，教学空间不仅是班级文化建设的重要场所，更是教师对同学们"诉说"关怀与期许的媒介。班主任李老师了解到竹子喜阴，能够在阳光不多的教室中生长，而且在中国文化中也有拔节生长、清雅脱俗的寓意，所以将其购买回来后放在教室中，暗示了教师对同学们虚怀若谷、挺拔洒脱的人生追求的期待，使教室的装点颇有书墨气，也能鼓励同学们在嘈杂的环境中静心学习。

【示例六】

学校新来一位身形健硕的体育老师，给学生上课时喜欢双手交叉抱于胸前，讲话时头还抬得很高，不时还会抖动脚尖。学生们上课时都有些怕他，低着头，眼神闪躲。

分析：教师上课时应避免使用"霸气式""颤抖式"和"倚靠式"的站姿。"霸气式"站姿，如果配以双手交叉抱于胸前或双手背在身后，就会显得盛气凌人，让学生产生极大的不适感。"颤抖式"站姿常把重心落在一条腿上，另一条腿不停抖动，甚至身体和头部也跟着抖动，显得怠慢松懈，缺乏修养。有些教师因为身体不适或精神不济等原因，上课时会倚靠在讲桌上，这就是"倚靠式"站姿。错误的站姿，不仅会严重损害教师形象，也不利于讲课时的科学用气发声，久而久之还会影响嗓音健康。

三、教师体态语技能训练

（一）教师体态语基础训练

1. 眼部表情训练

（1）目视 100 米之外的某个物体，盯着看 3 分钟，期间可自然眨眼，保持观察和发现的态势。

（2）头部保持不动，眼睛交替看向最上方和最下方，30 次 / 组，重复 3 组。

（3）头部保持不动，眼睛交替看向最左方和最右方，30 次 / 组，重复 3 组。

（4）头部保持不动，双眼顺时针转圈 10 次，再逆时针转圈 10 次，交替进行 3 组。

2. 面部表情训练

面对镜子练习笑容，观察和总结自己有多少种表达笑容的方式，并进行拍照，记录其具体含义；然后挑选出你最满意的照片，每天参考照片在镜子前练习 3 组。

3. 掌臂训练

（1）练习扩胸运动和手臂侧平举、前平举。每个动作练习 30 次 / 组，重复 3 组。练习结束后，将手臂向后方和侧上方拉伸至放松。

（2）请在镜子前反复练习伸手、张开双臂、挥手、摆手、抬手等掌臂势语，并且把每个掌臂势语中你最满意的一个动作拍成照片保存。参考照片中的动作标准，每天在镜子前练习 3 组。

4. 站姿训练

请背靠一面垂直的墙壁直立，保持头、肩膀、臀部、小腿、脚后跟紧贴墙壁，腰也尽量靠近墙壁，注意眼神和肩膀与地面平行。每天坚持训练 15 分钟。

5. 走姿训练

在平路上匀速行走，注意保持抬头挺胸、开肩拔背；双臂下垂自然摆动

(手臂摆动时与身体的最大夹角为 30° 左右);双腿发力的顺序为大腿带动小腿,再带动脚,脚跟先着地,步长以一个肩宽为宜;注意保持头部、肩膀和胯的稳定,步速为每秒一步。

走姿训练在生活中可时刻进行练习。

6. 坐姿训练

请坐在一把椅子的前三分之一处,双腿并拢平放于地面,双手平放于自己的大腿上,手指并拢,保持抬头挺胸、开肩拔背。每天坚持训练 20 分钟。

7. 腰背训练

结合自己喜欢的运动方式和承受能力,每天进行中等强度的腰背部训练,使其更加灵活、强韧,改善圆肩驼背。

(二)教师体态语认知训练

1. 观看《放牛班的春天》《热血教师》《老师·好》《讲台深处》等教师题材的电影,尝试解释电影中老师的各个表情、动作和空间设计。

2. 请谈谈令你印象深刻(或喜爱、欣赏)的一位教师的体态语,关注其体态语是如何与有声语言表达相配合的,并尝试进行模仿。

3. 以小组为单位,组织"心灵捕手"游戏。游戏时,各方先不动声色地在纸条上写出自己此刻的心情和想法,然后通过体态语,相互阐释各方所思所想。所有人发言结束后,打开事先写的纸条,对比和分析游戏的结果。训练时,注意纸条上所写内容应尽量贴近教育教学交际场景。

4. 少数教师讲课时常常"东倚西靠":黑板、讲台、课桌、椅子,甚至同学的肩膀,都有可能成为他们倚靠的对象。请谈谈你是如何看待这种现象的。

5. 请分析下面案例中教师的体态语存在哪些问题,并重新为其设计教师监考体态语。

段老师在某中学执教已经有二十多年了,平时总是与同学们打成一片。这次期末考试,段老师负责监考初二(4)班的语文课程考试。发完试卷后,段老师说了一句"认真做,不要讲话",便搬了把椅子放在讲台中央,一屁股坐下后就把右脚踝搁在自己的左腿上,顺手拿起一张报纸看了起来。

6. 请分析下面案例中教师的体态语存在哪些问题,并重新为其设计教师课堂教学体态语。

刘老师是个性情中人。每次上课,只要讲到激动之处,刘老师的身体就随着夸张的语调前仰后合,还会习惯性地用手中的粉笔不停地敲击桌子。所以,不管是讲台还是课桌,经常都会留下刘老师一片片深深浅浅的粉笔印。

(三)教师体态语创设训练

1. 与同学一起创设不同的教学场景,练习点视、环视和注视。训练时,注意配合以一定的表情和体态。训练结束后,请同学对自己的演练进行点评。

2. 以小组为单位,分别练习喜悦、好奇、赞扬、欢乐、质疑、惊讶、严肃、生气、难过九种表情。训练时,可与前文中的表情图片进行比对练习,注意结合个人特点进行一定的优化,努力实现对这九种表情的肌肉记忆。

3. 以小组为单位,分别练习1—9的数字型指势。训练时,注意指势准确、舒展,直至指势能够快速匹配有声语言的表达。

4. 根据下列语句的含义,与同学一起创设口语表达语境,设计并练习摹状型指势。

(1)一粒米的大小

(2)肚脐以下三指的位置

(3)大象的腿像柱子一样

(4)有一个六七岁的孩子那么高

(5)像一个圆盘那么大

5. 学习一部手势舞,每天配合音乐练习,坚持练习一个月。训练时,注意手臂和手指肌肉的灵活性与强度,以及手势的节奏感。

6. 与同学一起创设特定的交际场景,分别练习点头、摇头、侧首、低头、抬头等头势语。训练时，注意配合以一定的表情和体态。训练结束后，请同学对自己的演练进行点评。

7. 以小组为单位，每位同学先分别录下一段自己讲课的视频、一段与他人交谈的视频，然后大家一起观看和讨论，分析自己与其他同学的体态语有何不同以及改善的方法。

8. 以小组为单位，分别设计小学、中学举行班会、公开课、讨论会、辩论会、庆祝会等的班级空间排布图，并与同学讨论不同类型的班级空间排布图的优劣。

（四）教师体态语综合训练

1. 根据下面的交际场景，为案例中的杨老师设计体态语，并说明设计的理由。

杨老师是一位大学教师，受邀到幼儿园中班去给小朋友们做一次关于中华寓言故事的小讲座，时长30分钟。幼儿园中班的老师告诉杨老师：班上共有35个孩子；教室里有讲台和多媒体设备；小朋友们使用6人桌，每人都有独立的椅子；孩子们都很活泼可爱，老师们也很期待杨老师的讲座，并乐意配合杨老师开展讲座。

2. 根据下面的交际场景，为案例中的李老师设计体态语，并进行模拟演练。

李老师接到学校领导安排的工作，要求她给七年级1班的学生上一堂语文示范课，届时会有4位领导和7位年轻老师来听课。课程教学安排在学校的智慧教室中。这是一间配有触屏双屏幕和黑板的多媒体教室，梯形桌面的独立课桌椅可以随意拼接。七年级1班共有45名学生。为此，李老师精选了一篇课文作为示范课教学内容，并精心设计了课堂教学环节和座位的空间布局。

3. 马上就是新年了，为了让刚上一年级的小学生们增进相互间的了解、增强自信，班主任想让同学们准备一台班级元旦晚会。如果你是这位班主任，你会如何布置教室呢？请说明你的设计和想法。

4. 根据下面的交际场景，分析案例中孟老师的空间语有何不妥之处。

孟老师的办公桌，位于年级教研组办公室最底端靠右的墙角，桌子上高高堆起的学生作业和参考资料常常让个头不高的孟老师"隐身"。一些绿色植物小盆栽，也因为空间狭小的问题，被孟老师放到了自己椅子后面的角落里。

5. 根据下面的交际场景，为案例中的班主任设计体态语，并进行模拟演练。

新学期开学后，九年级3班调换了两位科任老师。两个月后，九年级3班的期中考试成绩排名全年级倒数第二。同学们在为自己的成绩感到难过的同时，还对学校的安排充满了各种怨言。于是，班主任在周五放学前召开了一次班会。

6. 根据下面的话语内容，为案例中的教师设计体态语，并进行模拟演练。

同学们，你们知道吗？2020年全国高考报名人数是1071万人！在高考的战场上，你每提升一分就能打败成千上万人！我们现在距离高考还有5个月，大家一定要加油。将来的你，一定会感谢自己现在的每一次早起、每一次放下手机、每一次挑灯夜战，以及现在陪你一起奋斗的亲人和同学们。老师相信，你们一定能够给自己一份漂亮的答卷！

第六章 教师口语表达常见失误及诊治

【学习目标】

知识目标：

- 理解"教师口语表达失误"的含义，理解教师口语表达失误的表征。
- 了解教师口语表达失误的类型，理解教师语言失误、语用失误的特点及表现。
- 了解教师口语表达失误的原因，掌握教师语言失误、语用失误的诊治方法。

能力目标：

- 能根据教师口语表达知识，关注、发现和分析教师口语表达失误现象。
- 能运用教师口语表达理论，科学诊治教师口语表达中常见的语言失误和语用失误。
- 能运用教师口语表达理论和知识，提高教师职业语言素养及语言运用能力。

【知识导图】

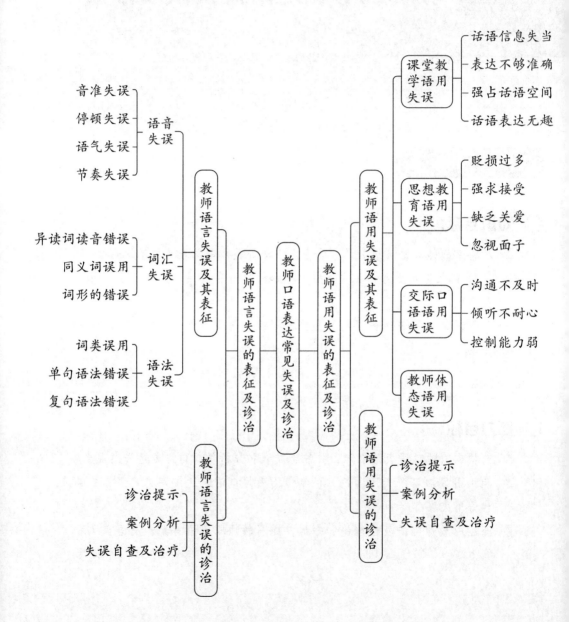

第六章 教师口语表达常见失误及诊治

第一节 教师语言失误的表征及诊治

一、教师语言失误及其表征

语言作为人类最重要的交际工具，是音义结合的符号系统，由语音、词汇和语法构成。遵循规范并正确运用语言，这是教师职业语言的基本要求；否则，教师就会在口语表达中出现语言结构要素错误所导致的语言失误，包括语音失误、词汇失误和语法失误。

（一）语音失误

语音是人的发音器官发出的具有一定意义的声音，是语言的物质外壳，是语言存在的物质形式。教师口语表达中的语音失误，包括普通话的音准、停顿、语气、节奏等方面的失误。

1. 音准失误

音准失误主要体现在普通话的声母、韵母、声调和语流音变的失误。该失误与教师受到当地现代汉语方言或少数民族语言等语音系统的影响有关，往往因人而异。

例如：有的教师存在 z、c、s 与 zh、ch、sh 的误读；有的教师存在 n 与 l 的误读；有的教师存在 j、q、x 与 z、c、s 的误读；有的教师无法区分 e 与 er、i 与 ü；有的教师不能完整地发出复合元音韵母的发音动程；有的教师经常混淆前鼻音韵母与后鼻音韵母；还有一些教师的声调存在音高、音长不到位等问题。

2. 停顿失误

停顿指语流内部的间歇。适当的停顿，可以减轻发话人表达的生理负荷，标记话语中的词语、句子和句群的边界，还能引起受话人的关注，引发交际双方的情感共鸣等。

正确的停顿，需要注意频率、时长和位置三个方面的问题。所谓频率，指停顿次数的多少。频率会影响发话人的语言流畅程度和节奏,因为停顿的目的是根据语义和结构将句子内部的词语划分为若干个"节拍群",错误的频率会影响节拍群的正确划分,使口语表达出现障碍。所谓时长,主要表现为发话人口语表达的语速。一句话里有多少个节拍群,这是可以调整和变化的。间歇时间缩短,节拍群的数量就会减少,语速就会加快;间歇时间加长,节拍群的数量就会增加,语速就会变慢。所谓位置,则关系到停顿的合理性。发话人进行口语表达时,在哪里停顿,不仅关系到语义的准确表达、思想情感的强化,还关系到口语表达的流畅程度。

如果教师在口语表达中不能正确使用停顿的频率、时长和位置,就有可能出现停顿失误。下面每组句子中,构成句子的词语及数量完全相同,语序也一致,但因为停顿不同,就产生了不同的语义内容:

① 我/和我丈夫的同学。

　我和我丈夫的/同学。

② 老父亲种的菜/不卖给别人。

　老父亲种的菜不卖/给别人。

3. 语气失误

语气是发话人对客观句子的主观表现。在这里,"客观"是指句子本身所包含的命题,"主观"是指发话人的态度和意识。

现代汉语的句子,根据语气可分为陈述句、疑问句、祈使句和感叹句四种类型。陈述句用于叙述或说明某件事情,语调平直,句调略降,其语气可以是肯定的,也可以是否定的。疑问句用于表示询问,语调和句调随着表达内容的变化而发生变化。祈使句用于表达命令、禁止、请求、劝阻,句调一般为降调。感叹句用于表达快乐、赞赏、惊讶、悲伤、厌恶、憎恨、恐惧等感情,句末一般用降调。

由于语气带有明显的主观意识,如果使用不当,就会产生不良的交际效果。例如,表达"你的行为是不对的,你不应该这么做"这个意思,就可以用不同的语气来说:

① 你这样做不对嘛。
② 你这样做是不是不对？
③ 你这样做不行！
④ 你怎么可以这样做啊！

不难看出，使用不同语气表达出来的句子，带给受话人的心理感受完全不一样。

4. 节奏失误

节奏是指发话人表达时声音有规律的抑扬顿挫、轻重缓急的变化。抑扬，即声音的高低变化，"抑"指声音低或者较低，"扬"指声音高或者较高。顿挫，即声音间歇的长短，表现为有规律的停顿，或者因表达需要而临时稍挫，以及适当的声音延续。轻重，即声音的强弱变化，可以表达出强调、警示、提醒等语义信息。缓急，即声音的疏密、长短、快慢，表现为语流中音节的数目、密度的大小。如果音节数目多、密度大，那么语速就快；反之，语速就慢。

教师口语表达中的节奏失误主要表现为：一是声音过大或过小。声音过大，让人觉得咋咋呼呼，容易导致话语无亲切感、柔和感；声音过小，听起来费劲，直接影响受话人对话语信息的接收和理解。二是声音过高或过低。声音过高或过低，都会让人产生疲惫感，容易引起受话人的抵触情绪。三是语速过快或过慢。语速过快，会使受话人跟不上教师的思维，理解时感到吃力；语速过慢，则容易导致受话人注意力不集中、思维不活跃等问题。

（二）词汇失误

词汇是一种语言中所有词和固定语的总和。词是最小的能独立运用的音义结合的语言单位。固定语是以词为构成单位、意义和用法相对固定的语言单位。教师在工作中出现的口语表达词汇失误，主要有以下三种类型。

1. 异读词读音错误

同一个词有多种不同读音的现象，就是异读词。异读词主要是由文白异读、方言语音影响或集体误读所造成的。例如:"号召"的标准音为hàozhào,异读音为hàozhāo。教师可通过学习国家发布的《普通话异读词审音表》纠正失误。

2. 同义词误用

同义词是意义相同或相近的一组词。例如:"赡养"的意思是供给生活所需,特指子女对父母在物质上和生活上进行帮助;"抚养"则指长辈对晚辈的抚育、教养。教师如果不注意辨析同义词在词义方面的细微差异,就会出现同义词误用的现象。

3. 词形的错误

词形的错误主要包括错别字、异形词和同素逆序词的使用。错别字指错字和别字。异形词是语音、语义完全相同而词形不同的词,如"文采"与"文彩"、"真相"与"真象"等。同素逆序词指构词语素相同而语素序位互逆的词,如"演讲——讲演""健康——康健"等。

此外,教师在运用词汇时,还应注意古语词、外来词、新造词等词汇失误问题,避免因此形成的误用对口语交际造成负面影响。

(三)语法失误

教师口语表达中的语法失误,主要包括词类误用、单句语法错误和复句语法错误。

1. 词类误用

词类是词在语法上的分类,强调的是词的语法性质。词类误用主要包括名词、动词、形容词的误用,数量词使用不当,代词使用不当,副词使用不当,介词使用不当和助词使用不当等类型。

名词、动词、形容词的误用,常见的是名词误用为动词或形容词,动词误用为名词或形容词,形容词误用为动词。例如:

① 能够得到老师的肯定,他感到无比荣誉。(名词"荣誉"误用为形容词)
② 大家的思维很活跃,也很变换。(动词"变换"误用为形容词)

③ 请你冷静一下头脑，好好想想老师说得对不对。(形容词"冷静"误用为动词)

数量词使用不当，主要有"二、两、俩"的误用、"倍"的误用和量词的误用等。例如：

① 我们班有二个少数民族同学。("二"应改为"两")
② 他们兄弟两都是很优秀的学生。("两"应改为"俩")
③ 你们的年纪比我小一倍，我经历的事情会比你们多一些。(表示降低、减少时，不能用倍数)
④ 你的生日礼物是一个小狗吗？("个"应改为"只")

代词使用不当，主要有指代不明和人称代词误用两种类型。例如：

① 齐老师告诉他，他下周要去北京参加比赛。("他"指代不明)
② 小明妈妈，今天的家访就到这儿了，时间不早了，咱们该走了。("咱们"应改为"我们")

副词使用不当，主要有副词混用、副词误用为形容词和否定副词的误用。例如：

① 这篇文章，我前几天读了一遍，今天再读了一遍。("又"和"再"混用)
② 这个动作之前没学过，初次训练做不好是未免的。(副词"未免"误用为形容词)
③ 他这次的作文没写好，但这也不能否认他之前的作文都不好。(三重否定表示否定，"否认"应改为"认为")

介词使用不当，主要是一些语义、用法和功能相近的介词的混用。例如：
① 同学们都对于我很热情。("对"和"对于"混用)

② 学校关于多次批评教育仍不改正的学生会给予一定的处分。("关于"和"对于"混用）

助词使用不当，主要是结构助词和动态助词的误用。例如：

① 听到我获奖的消息，老师激动的跳了起来。（第二个"的"应改为"得"）
② 你这种态度正说明着你没有真正认识到自己的错误。（应删除"着"）

2. 单句语法错误

单句是由词或短语构成的句子，在交际中表达相对完整的意义，并带有一定的句调。现代汉语的单句，通常由主语和谓语、述语和宾语、定语和中心语、状语和中心语、中心语和补语这五对句子成分构成。常见的单句语法错误，包括搭配不当、成分残缺、成分多余、语序不当、句式杂糅等。

搭配不当，主要表现为单句的句法成分出现主谓搭配不当、述宾搭配不当、定状补与中心语搭配不当、主宾搭配不当等问题。例如：

① 咱们学校的历史，建立于一九六四年。（"历史"与"建立"搭配不当）
② 这种类型的练习就是为了训练和提高大家的阅读水平。（"训练"与"水平"搭配不当）
③ 王海同学的作文把抗疫一线医务人员的奉献精神表现得很充沛。（"充沛"与"表现"搭配不当）
④ 我的童年是一段刻骨铭心的故事。（"童年"和"故事"搭配不当）

成分残缺，主要表现为单句中的主语残缺、谓语残缺、宾语残缺和修饰语残缺。例如：

① 经过这次谈话，对小李同学有了更深入的了解。（缺主语）
② 他热心为班级服务的态度，同学们都很认可他。（缺谓语）
③ 李明同学荣获省级优秀学生。（缺宾语中心语）

④ 要想获得最优异的成绩，我们就要付出努力。（"努力"缺修饰语）

成分多余，主要指单句中的主语、谓语、宾语、修饰语出现了多余成分。例如：

① 文章的描写里，有许多感人至深的细节。（主语中"的描写"多余）
② 入队的同学上台接受老师进行佩戴红领巾。（谓语中"进行"多余）
③ 我们轻轻松松就跑了十多公里的路程。（宾语中"的路程"多余）
④ 他已经是一个18岁的年轻小伙子了。（定语"年轻"多余）

语序不当，是指单句中的句子成分顺序排列不当所造成的语义模糊或不合逻辑的现象，主要有定语错位和状语错位两种情况。例如：

① 几十年的教师生涯，使他丰富地具有了解决此类问题的经验。（定语"丰富"错位至状语位置）
② 为了解决这个难题，在图书馆里许多同学近几天不停地查阅资料。（状语"在图书馆里"错位至主语前）

句式杂糅，是指把不同的句法结构套叠在一起，或者是把不同的句式混杂在一起，从而导致句子结构错误、语义混乱，主要有结构套叠和句式混杂两种情况。例如：

① 高考动员会的地点是安排在学校大礼堂举行的。（"地点安排在学校大礼堂"与"动员会是在学校大礼堂举行的"结构套叠）
② 咱们这个班有很多少数民族同学，主要有回族、纳西族、白族、傣族等少数民族组成。（"主要有回族、纳西族、白族、傣族等少数民族"与"主要由回族、纳西族、白族、傣族等少数民族组成"句式杂糅）

211

3. 复句语法错误

复句是由两个或两个以上意义上密切相关而结构上互不包含的分句组成的语言单位。常见的复句语法错误，主要有分句间缺乏意义关联、分句间结构层次混乱、关联词语使用错误三种类型。

分句间缺乏意义关联，是指构成复句的几个分句之间缺乏某种逻辑语义关联。例如：

虽然他个子不高，但是他的歌唱得很好。（缺乏转折语义）

分句间结构层次混乱，是指复句中的几个分句之间的逻辑层次缺乏合理性。例如：

由于他取得了更加优异的成绩，所以端正了学习的态度。（因果关系颠倒）

关联词语使用错误，主要包括关联词语残缺、错用关联词语、关联词语搭配不当、滥用关联词语和关联词语位置错误等。例如：

① 虽然这次咱们班没有获胜，这并不能说明我们没有实力。（缺关联词语"但"）

② 只有广泛阅读，作文水平就会有所提高。（错用关联词语"只有"）

③ 尽管我怎么说，他还是我行我素。（关联词语"尽管""还是"搭配错误）

④ 这次考试成绩不理想，说明了我们对所学知识掌握不够全面，但是也说明了我们还不够努力。（滥用关联词语"但是"）

⑤ 不但小张自己学习成绩优异，而且还主动帮助学习成绩落后的同学。（关联词语"不但"位置错误）

二、教师语言失误的诊治

（一）诊治提示

1. 掌握教师语言失误的相关理论和基础知识，进行语音失误、词汇失误和语法失误的自查，培养运用相关理论分析教师语言失误的能力，能规范、准确地运用教师口语开展教育教学工作，提高教师语言素养及规避语言失误的能力。

2. 研读"案例分析"，适时参加学校教育教学见习活动，发现并分析教师语言失误现象。同时，注意拓展性地阅读一些相关文献资料，结合实际形成正确的认知。

3. 教师语言失误的诊治，既要关注失误的表征，也要探寻导致失误的原因。通常，导致教师语言失误的原因，一是语言知识及理论素养不足，二是不注意话语交际的内部语境。

教师的语言知识主要包括语言本体知识、语言运用知识和职业语言知识等几种类别。

语言本体知识，是指教师开展教育教学工作时所需要的某种语言的系统知识。我国教师的工作语言是普通话。普通话作为国家通用语言，需要教师进行系统、专业的学习。

语言运用知识，是指交际者在运用语音、词汇、语法等语言结构要素时所应掌握的结构规则及规律。掌握语言运用知识，能够使教师的口语表达显得规范、雅正，容易为特定语境中的受话人所理解和接受。

职业语言知识，是指教师在具体工作实践中为了达到特定的交际目的、完成特定的交际任务、实现特定的交际效果所需具备的语言知识。例如：课堂教学中的导课语、讲解语、结课语、提问语的运用；思想教育活动中的沟通语、说服语、表扬语、批评语、激励语、启迪语的运用；教师与学生家长、同事、领导的口语交际技巧，教师在研讨座谈、工作联络中的口语交际策略；教师为配合有声语言表达采用的表情语、手势语、身姿语、空间语的技巧等。

如果教师的语言知识不扎实且运用不得法，就会在开展教育教学及相关工作中出现表意不准确、话语无中心、结构层次不明晰、语篇不完整等失误。

4. 教师语言失误主要表现为语音失误、词汇失误和语法失误。这三种类型的失误，各自独立，又互为整体。在进行自查及相关训练时，应注意全面回顾所学理论和知识，继而在此基础之上，认真理解训练内容及要求，抓住问题的实质，进行深入探讨和分析。

（二）案例分析

【示例一】

一天，教师上课时发现一名学生在下面画画。于是，教师走到学生跟前，对他说道："你在干什么？现在是画画的时间吗？上课时间你画画，我讲的东西你什么都不知道，你怎么完成作业？你怎么考试？你的成绩怎么提得上去？现在，马上停止你的行为，把注意力放到听课上！"

分析：案例中的教师，在口语表达的语气、节奏方面出现了语音失误：一连串的疑问和带有命令性、强制性语气的祈使句，表现出了教师对学生管理的强硬态度。如此急促的表达节奏，让学生没有说话的机会，只能带着怨气服从教师的指令。

【示例二】

一位学生家长向班主任反映，孩子放学回家后不愿意做作业，每次家长让他做作业时，他就躲到床底下不出来。家长希望班主任能跟孩子好好谈谈。于是，班主任对这名学生说道："我听说，你一回家就躲到床底下，为的就是逃避做作业。你躲得了初一，也躲不过十五，最后还是要完成作业的。你这样躲到床底下，有意思吗？"

分析：案例中的班主任在与学生谈话时出现了词汇失误。班主任直接沿用了家长描述孩子行为的动词"躲"，并多次在话语中强调了学生的行为"躲"。从词义上看，动词"躲"含有动作主体故意离开或隐蔽起来，使人看不见的意思，容易使人联想到胆小怕事的贬义色彩，很容易引起学生的反感和不适。如果教师能将动词"躲"换成动词"藏"，效果就会好一些。因为动词"藏"的语义色彩为中性，既可以是动作主体的主动行为，也可以是动作主体出于某种原因或需要而迫不得已的行为。这样就能顾及学生的面子和心理感受。

【示例三】

期中考试结束后,英语教师在总结会上说:"这次考试,虽然我们班考得还不错,其实这次考试的题目不是太难,不能说明我们很有实力。试卷中,丢分最多的是阅读题,这说明阅读是我们的弱项。我平时布置的那些课后练习,就是为了加强大家的阅读水平,你们一定要认真完成。希望下一次考试,我们能够减少一倍阅读题的失分率。"

分析: 案例中的英语教师,在口语表达上存在语法失误问题。首先,第一分句和第二分句之间缺少关联词语"但是",导致这两个分句之间的逻辑语义关系不清晰。其次,"加强大家的阅读水平"中的动词"加强"和名词"水平"搭配不当。再次,"我们能够减少一倍阅读题的失分率"这句话出现了数量词使用错误,"减少"不能用倍数表达。

(三)失误自查及治疗

1. 给下列词语标注正确的读音。

亲家　疟疾　年龄　家畜　觉悟　血管　钻头　作坊　似的　啼嘘　鲜血　粗糙　仍然　悄声　宁可　踌躇　佛像　儒家　威吓　号召　狩猎　潜力　胸脯　啜泣

2. 指出下列句子中用词不当之处,并加以修改。

① 大家对王鸣的批评虽然十分尖刻,但都是为了帮助他改正错误。

② 我们要改掉粗心大意的坏习气。

③ 今天是你妈妈的诞辰,你应该给她送去祝福。

④ 你总是知错不改,让我感到很绝望。

⑤ 鄱阳湖是我国一个著名的湖泊。

⑥ 将来你长大了,有能力了,要好好抚养你的妈妈。

⑦ 这场篮球赛打得真猛烈。

⑧ 随着你慢慢的长大,会明白老师的苦心。

⑨ 教室就应该总是打扫得干干净净。

⑩ 我建议你先冷静一下头脑再做决定。

3. 修改下列病句,并说明理由。

① 我估计他这次考试一定是考砸了。

② 听了家长的介绍,使我更加了解了学生这样做的原因。

③ 所有的同学都认真地注视和倾听校长的报告。

④ 期末就要到了,学习任务和时间都非常繁重和紧张。

⑤ 老师冒着大雨和泥泞去家访。

⑥ 明天,老师带你们去参加化石展览。

⑦ 有很多童年的往事值得我们回忆。

⑧ 你虽然做错了事,大家还是愿意帮助你。

⑨ 在办公室里老师昨天同他进行了深入地交谈。

⑩ 只要多说多练,英语口语水平才会提高。

第二节 教师语用失误的表征及诊治

一、教师语用失误及其表征

语用是人们在一定的语言环境中对语言的运用。语用失误是指交际主体因违反交际双方相互尊重、彼此接纳的原则,以及忽略话语表达与言内语境、言外语境之间的适应度所产生的话语表达不恰当、不得体等现象。教师在工作中出现语用失误,会导致交际中断甚至是失败,无法取得预期的交际效果。

根据不同交际场景、特定的交际任务和交际对象,教师口语表达中的语用失误可分为课堂教学语用失误、思想教育语用失误、交际口语语用失误和教师体态语用失误。

（一）课堂教学语用失误

教师在课堂教学中出现的语用失误，主要表现在话语信息失当、表达不够准确、强占话语空间、话语表达无趣等方面。

1. 话语信息失当

话语信息的有效性，是教师运用课堂教学口语所需关注的重点问题。如果课堂教学口语出现了话语信息失当，那么就会出现信息差，即教师传递的信息和学生接收的信息出现了不等值现象，继而影响到课堂教学语言表达的有效性。

如果教师发送的信息少于学生所需接收的信息，称为信息损耗。信息损耗会导致教师的知识讲解不透彻、不深入，学生不能全面理解教师所要表达的意思，对知识一知半解。如果教师发送的信息超过了学生所需接收的信息，称为信息冗余。冗余信息一般表现为教师所提供的信息与知识讲解无关，或者是学生已知的或熟知的信息，或者是多次重复过的信息等。冗余信息不仅影响学生对主要信息的接收，还会让学生对教学失去兴趣，感到厌倦和疲劳。

2. 表达不够准确

教师在进行课堂教学口语表达时，所提供的话语信息应当是清楚、明白的，要注意避免晦涩和歧义，要简练、清晰、井井有条。如果忽略了课堂教学口语表达的准确性、规范性和严谨性，就会导致教师口语表达不够准确清晰，不仅会影响学生对知识的理解，而且还会让学生产生很多疑惑和混乱。

3. 强占话语空间

成功的人际交往，强调话语交际双方在平等、互动的基础之上，能够给予对方一定的话语空间。教师在课堂教学中，如果忽略了师生话语角色的互动交往原则，就会出现以自我角色占据话语空间的失误，具体表现为话语垄断、独裁视角两种情况。

话语垄断，就是教师对话语权的绝对控制和占有，忽视课堂教学中师生的平等对话和学生应有的表达机会。学生在课堂教学中只是扮演"接受者""顺从者"和"沉默者"的角色。

独裁视角，是指教师将自己视为绝对话语的发布者和决断者，甚至是唯一标准的话语角色，认定自己所讲授的内容具有不容置辩的正确性。这样，无论是语气腔调，还是讲述方式，甚至是表情态度，教师都会表现出一种不容怀疑和拒绝的权威色彩，认为自己无所不知；将学生视为知识的绝对弱势群体，认为他们所说的、所想的没有任何价值和意义；无时无刻不将自己的主观情感显现在话语中，不由分说地下结论。

4. 话语表达无趣

语用学认为，发话人可以通过向受话人讲一些不可预知的内容，从而让受话人对自己的话语内容产生兴趣。如果教师的课堂教学口语表达不符合新鲜生动、应变灵活的要求，就会产生话语表达无趣的语用失误。这种失误具体表现为：

一是话语内容枯燥乏味，缺乏信息刺激的强度，很难长时间吸引学生的注意，学生听过之后容易忘记。对于教师来说，课程教学内容是客观存在的，其本身不存在是否"有趣"，特别是一些抽象性、理性色彩浓厚的知识，更容易让学生感到枯燥乏味。教师课堂教学口语的作用，就在于将学生不容易理解和接受的知识转换为学生易于理解和接受的内容。

二是没有感情色彩，语言感染力不强，具体表现为词汇贫乏、用语干瘪、表达模式化、可听性差。在课堂教学中，学生的思维活动是需要通过不断的刺激来实现的。课堂教学口语的刺激就是一种直接而有效的手段。

三是平铺直叙，缺少变化和起伏。课堂教学口语类型多样，如导课语、讲解语、结课语、提问语等，话语表达方式灵活，如叙述、说明、议论、描写、抒情等，但都要求准确规范、平实严谨、新鲜生动、应变灵活。声音的运用也要讲求高低跌宕起伏，高而不喧，低而不暗；轻重错落有致，抑扬结合，富于变化。这样才能避免平板、单调的"报告式"表达模式。

（二）思想教育语用失误

思想教育语用失误，主要表现在贬损过多、强求接受、缺乏关爱、忽视面子等方面。

1. 贬损过多

教师的思想教育语言具有规训的功能。正常的规训，应该是有理有据的循循善诱，而不是"出口伤人"的贬损。过多的、随意的贬损，不但不能产生教育效果，还可能导致学生自卑、抵触、沮丧等负面情绪的产生，有时甚至还会出现过激行为。

教师对学生的贬损，首先表现在人格方面，即话语带有蔑视、否定、威胁、挑衅甚至侮辱的含义和色彩。其次，还表现在对不符合教师自我价值标准的学生言行做出随意、片面、武断的评价和批评。这类话语虽然没有直接使用侮辱性的词语，但对学生缺乏起码的尊重，其实也是一种变相的话语贬损。

2. 强求接受

语用学认为，某一话语对听话人所产生的驱使程度越大，也即听话人的选择余地越小，该话语就显得越不礼貌；反之，则礼貌程度越高。教师思想教育口语中的强求接受，就是一种违背了以上原则的语用失误。

强求接受的话语，大多为不容置疑的告知和不可商量的命令。这与教师不能立足于民主、平等的角度对学生实施带有肯定性、发展性、引导性的话语行为有关。如果教师只是以自我为中心，将自我的认知、价值判断作为唯一标准强加给学生，就会导致强求接受的语用失误。对于学生而言，接受可能是自觉自愿的，也可能是不情愿的。而这与教师口语表达对学生产生的影响有关：教师口语表达对学生的影响可以是直接的，也可以是间接的，如讲解、指示或批评可能产生直接的影响，而接纳、鼓励、接受或采纳意见、提问则会产生间接的影响。研究表明：如果间接影响与直接影响的比值大于1，表示教师倾向于间接地影响学生；反之，则表示教师倾向于直接地影响学生。在说教方式上间接影响比直接影响更加弱化，在情感上间接影响比直接影响更容易使学生接受。[①]

3. 缺乏关爱

在口语交际活动中，只要任何一方的话语表达忽视了对方的心理感受，缺少一定的体谅或同情，就很容易使交际者产生反感，进而对其所说的话产生抵触、拒绝或中断话语。

---

① 叶冬连、万昆、庄玲（2016）中美"价值教育"公开课的师生言语互动比较，《现代教育技术》第1期。

思想教育口语中的关爱，并不是一味地赞扬学生、顺着学生，而是要让学生从教师的言行中感受到有原则的关爱；其中，亲和力是关键性因素。具有亲和力的教师，会让学生产生一种愿意主动接近的欲望，也更容易积极接受教师的意见。教师的亲和力一旦通过话语被显现、被传递、被感受，就会表现为透彻的说理性和征服力，进而促进师生之间良好人际关系的形成。在这种人际关系中，教师是占据主要地位的一方。所以，教师应该成为师生关系的积极建构者和行为者。师生之间关系的冷漠、疏远抑或是接近、和谐，都可以因教师亲和力的参与或缺失而发生改变。

4. 忽视面子

语用学认为，交际者都希望在交际活动中能够获得或者为自己争取到良好的自我形象，即所谓的"面子"。如果交际者得到了对方的认同、肯定或赞许，或者是自己的言行没有受到对方的训斥，那么即可视为保全了面子。因此，面子与语用学中的礼貌原则有关。

对于学生而言，不管年龄大小，都有其独立的价值、人格和自尊心，他们也需要教师在课堂教学、思想教育中给予足够的"面子"，不愿意在众人面前"丢脸"。从某种意义上说，保全学生的面子，其实就是保护他们的自尊心，保护他们的身心健康。有的时候，教师的口语表达在主观上可能是无意的，但由于表达不当、负面信息多，就有可能在无意中伤了学生的面子。

（三）交际口语语用失误

教师交际口语语用失误，主要表现为沟通不及时、倾听不耐心、控制能力弱等方面。

1. 沟通不及时

在日常工作中，教师要注意适时与学生家长、同事、领导及相关工作人员进行交流。如果在工作中发现了问题，更是应当第一时间与当事人进行沟通，千万不能等到需要对方支持、配合的时候，才去跟当事人对话。沟通不及时，会造成因交流渠道不畅通而导致工作进程受阻的被动局面。

2. 倾听不耐心

教师在话语交际中，要学会认真倾听对方的表达，准确获取第一手的真实信息，让发话人的思想观点得以全面展示，让发话人的负面情绪得到全面释放。如果教师不能耐心地倾听对方的话语，随意打断他人表达，那么就会使发话人感到不被尊重，损害教师人际交往中的亲和力，同时还可能导致教师处理问题时因武断而造成工作失误，不利于交际双方以相互信任、彼此激励、共同配合的语用心理来达成教育教学工作的目的。

3. 控制能力弱

控制能力弱，主要是指教师在口语交际中不能根据交际对象、交际场景来把握和控制谈话的进程，如思维犹豫、飘忽而导致表达迟滞，或者是自己认为已经说完但受话人不知所云，或者是冗余信息或无效信息过多，或者是东拉西扯、答非所问等，这些会严重影响教师的交际态度和人际形象。例如：与学生家长交流时，容易被家长跑题的话语带偏，忘记了自己与学生家长谈话的目的和任务；与同事意见相左时，不能虚心接受他人意见；被领导批评时，语气生硬，态度强硬，检讨错误不深刻；同相关工作人员交谈时，夸大其词，不能实事求是，或者是啰唆累赘，使人不得要领等。这些都会给教师的工作造成一些麻烦。

（四）教师体态语用失误

教师体态语用失误，主要是指教师在教育教学工作中所使用的体态语，缺乏与有声语言表达的配合，缺少真情实感的流露，千篇一律，没有感染力，显得呆板而无生气，不能发挥体态语在教师教学及相关工作中的示范性和教育性。一些教师还习惯于预先设计、反复练习自己的体态语，其实随性而发的体态语反而有助于教师放松心情，让交际对象"看到"自己正在讲述的"画面"甚至是"思想"，从而强化表达内容，增强口语表现力。

二、教师语用失误的诊治

（一）诊治提示

1. 掌握教师语用失误的相关理论和基础知识，完成课堂教学语用失误、思想教育语用失误、交际口语语用失误和教师体态语用失误的自查，培养运用所学理论分析教师语用失误的能力，能规范、准确地运用教师口语表达完成工作，提高教师语言素养及规避语用失误的能力。

2. 研读"案例分析"，适时参加学校教育教学见习活动，发现并分析教师语用失误现象。同时，注意拓展性地阅读一些相关文献资料，结合实际形成正确的认知。

3. 教师语用失误的诊治，既要关注失误的表征，也要探寻导致失误的原因。教师的语用失误，一般与忽略语境所导致的言语行为有关。语境是使用语言的具体环境，对教师口语表达的影响，主要体现为以时间、地点、场合、对象为主的客观因素，以及以身份、职业、思想、修养、处境、心境为主的主观因素。了解语境的主客观因素对教师语用失误的影响，可减少和规避教师工作中的语用失误。

（1）时间因素与话语顺序

时间之所以成为影响和制约话语交际的要素，是因为它具有一维性的特点，决定着话语内容呈现的先后顺序；而不同的话语内容顺序，对于话语表达的主题、逻辑层次以及完整性等，都会产生一定的影响。

（2）场合因素与话语内容

这里的场合，主要是指教师工作的具体场景。场合规定了教师的交际目的、交际任务和话语内容，对教师口语表达具有较强的制约作用。如果忽视了教师口语表达与教育教学工作的关联性，就会产生表达散乱、言之无物、言辞随意等失误现象。

另外，场合可分为正式场合和非正式场合。正式场合的口语表达，要做到准确规范、话题集中、言之有物、生动风趣、富有感染力。非正式场合的口语表达，可以比较宽松随意，不必过于刻板，具有一定的亲切感和温暖感。

（3）对象因素与话语方式

教师的口语表达具有明显的职业特点和个性特点。职业特点要求教师的话语方式应符合教育教学工作的总体要求，常用的话语表达方式为演绎式和归纳式。演绎是从一般到特殊，归纳是从特殊到一般。个性特点指教师的话语方式会在总体要求的基础上带有个人的风格色彩。所以，不同的教师就能根据教育教学工作的具体需要，利用丰富的话语资源传递知识和信息，沟通心灵，形成对话。

（4）职业身份与角色定位

教师与学生之间的关系，既要受到自身社会角色的制约，又要受到交际时各自所属情境的角色制约，如信息需求者的角色、思想分享者的角色、情感交流者的角色等。教师在进行口语表达时，不能只是以一种角色的身份特性来支配和实施言语行为，而应该根据语境的具体要求来建构话语内容，选择话语方式。如果自身的话语角色定位发生了偏差，就会引发语用失误现象。

（5）思想修养与言语道德

言语道德指人们进行话语交际时所遵循的行为规范，是交际者所属的社会角色、职业角色制约下的本人思想修养高下的一种体现。违背社会角色、职业角色的要求，就会产生言语行为的道德失范，并最终导致交际者处于一种反常的、具有负面影响的语用状态。

教师言语道德失范，是教师思想修养不高、职业道德缺失导致的背离社会角色、职业角色规范的言语行为现象。其中，言语态度和言语动机决定了教师话语内容的建构和话语表达方式的选择。而言语态度和言语动机的形成，与教师对职业道德的认知有直接关联。

（6）心境因素与语言得体

得体的教师口语表达，表现为教师的言行符合教师的社会身份和职业规范。心境作为影响个人精神活动的情绪状态，对人们的生活、工作、学习都会产生很大的影响。研究表明：积极的心境，能激发个体工作的积极性、主动性和创造性，能运用启发式策略解决问题；消极的心境则相反。教师的口语表达同样也会受到心境的影响。相同的含义，在积极的心境下可以是一种表达方式，在消极的心境下就可能是完全不同的表达。

4.在进行教师语用失误自查训练时,要全面回顾所学的理论和知识,并在此基础上,认真理解题目要求,抓住问题的实质,对问题进行深入分析。

(二)案例分析

【示例一】

甲、乙两位教师在讲解"动物"这一概念时,是这样表达的:

甲:动物就是生物的一种。大象、老虎都是动物。花草、树木是植物,不是动物。

乙:大家都知道,动物都是会动的,它们要么会爬,要么会跑,要么会飞,要么会游。可会飞、会跑的不仅仅是动物,飞机也会飞,火车也会跑。为什么我们不把飞机、火车也看作是动物呢?(学生答:因为动物是自己跑、自己飞,而飞机和火车是人开动的。)所以,要自己会动的生物才是动物。

分析:以上案例中,乙教师传递的信息与学生需要接受到的信息是一致的,而甲教师由于信息损耗或缺失,并没有讲清楚"动物"的概念,出现了话语信息不当的语用失误。

【示例二】

一位教师在讲解数学中"零"这个概念时,是这样表达的:

零是什么?零就是没有,没有就是零。我们打球没有得分,屏幕上会用零表示,我们计时会倒数5,4,3,2,1,最后显示零,表示时间没有了。所以,凡是表示没有的,都可以写作零,凡写作零的,都是表示没有的意思。

分析:这是一个表达不够准确的语用失误案例。教师对"零"这一概念的讲解缺乏准确性,"表示没有"并不是"零"的全部含义,不能随意用"凡是""都"这样的词语进行笼统的概括。用于记录温度的"零",就不是"没有"的意思。这位教师的表述,会影响学生对问题的理解。

【示例三】

下面是一位教师在课堂教学中常用的表达:

①你的这种想法是荒谬的。你就按我说的去理解。

②我怎么讲,你们就只管记下来,不要不着边际地创造。

③ 老师怎么说，你们就怎么做。

分析： 案例中教师的语用失误类型为强占话语空间。不难看出，教师习惯于用极其强势、不容争辩的话语方式对学生发出服从性的指令。这种"话语霸权"支配下的控制式、灌输式的话语，不仅会扼杀学生自由思考和探究的积极性，也会阻碍学生创造性思维的发展。

【示例四】

甲、乙两位教师在讲解"不自量力"一词时，是这样表达的：

甲："不自量力"是一个成语，它的意思是：不能正确估计自己的力量，过高地估计自己的力量。我们做任何事情都要符合自己的能力，不能不自量力。

乙：大家都听说过"蛇吞象""蛤蟆吞恐龙"吗？在现实生活中，这些恐怕都不太现实。虽然有抱负，但不切实际的妄想最终也只能是想想而已。大家说说，这"蛇"和"蛤蟆"犯了什么相同的错误呢？（学生答：过高地估计了自己的力量。）对！这就叫"不自量力"。我们做事情应该"量力而行"。

分析： 以上案例中，教师甲的讲解属于话语无趣的语用失误，死板而缺乏启发和引导，不容易产生良好的表达效果。教师乙的讲解直观、生动，通过学生们熟悉的现象来引导学生自己说出成语的意思，有利于培养学生的积极思维能力。

【示例五】

下面是一位教师在思想教育工作中常用的表达：

① 没有金刚钻，就别揽瓷器活。

② 我见过笨的，但没见过你这么笨的！

③ 你长的是猪脑子吗？这么简单的题都不会做。我要是你，干脆一头撞死算了，还给国家省粮食，给你父母减轻负担。

④ 学生就是要以学为主。学习成绩不好，你身体再好、品德再优秀又有何用？

⑤ 你喜欢跳街舞，跳街舞能当饭吃？跳街舞能跳出前途？

⑥ 你还是好好学文化吧，搞什么艺术，都是些不务正业的事。

分析： 以上表达均属于贬损过多的语用失误。①②③有损学生的人格，④⑤⑥对学生的言行做出了不恰当的评价，都是贬损性的言语行为。

【示例六】

下面是一位教师在思想教育工作中常用的表达：

① 这是最好的解决问题的办法，你别无选择。

② 我觉得你只能这样做，不然你还能怎样？

③ 再这样下去，你就废了。

④ 这是这道题最好的解法，不要再瞎琢磨了。

⑤ 你要么好好上课，要么就给我出去！

分析： 以上表达属于强求接受的语用失误。强求接受是"权威"范式教育理念下的结果，它与"对话"范式的教育理念形成较明显的差异，所产生的教育效果也完全不同。"对话"范式教育理念支配下的言语行为，更具有师生的互动感，学生也更愿意主动和大胆地表达自己的想法和观点，因此教师与学生互动情感的融洽程度更高，教育效果更好。

【示例七】

班里一名学生晚自习后偷偷翻墙出校园，班主任对这名学生进行了如下思想教育：

你应该知道我为什么找你，自己如实招了吧。我看你是无药可救了，是吧？一而再再而三地犯错误。你翻墙，怎么没把你的腿摔断？这还真是遗憾。

分析： 这是一个缺乏关爱的语用失误案例。这样的思想教育语言，很容易引起学生的反感，进而产生抵触的情绪，使交谈中断。当然，学生也就不可能接受教师的批评教育了。

【示例八】

上美术课时，一名学生将其绘画作品交给教师批阅，并询问教师自己画得怎么样。下面是甲、乙、丙三位教师回复学生的话语：

甲：还不错，比上一次有进步。

乙：我觉得一般，这个构图我很不喜欢。

丙：构图不错，如果颜色再明朗一些就更好了。

分析： 以上案例中，三位教师回答学生问题时，都表达了自己的看法和评价，但差异在于：教师甲对学生的作品表示了肯定和赞许，维护了学生的面子，但没有指出具体进步在哪里，话语内容显得有些空泛；教师乙直接否定了学生的作品，属于威胁学生面子的言语行为；教师丙则出于礼貌的考虑，采用了先肯定后建议的语用策略，既避免了对学生面子的威胁，又指出了需要改进的问题。教师丙使用间接性话语表达评价的言语行为，是值得借鉴和提倡的，它符合人际交往理论和语用原则的要求。

【示例九】

向老师是三年级1班的语文老师。为了让学生养成按时完成作业的习惯，她要求学生家长每天晚上都要检查孩子作业完成情况，并在《家校联系册》上签字。第二天学生到校后，必须在上课前将《家校联系册》交给老师批阅。

一天早上，向老师发现学生安婷的家长没有在《家校联系册》上签字，于是便罚安婷重写作业3遍。当天晚上9点，连续两天都在单位加班没回家的安婷父亲回到家，发现孩子还在哭哭啼啼地写作业，了解到事情缘由后便赶紧在《家校联系册》上签了字，并写了一句话："老师这么做是否妥当？"

第二天安婷放学回家后，愁眉苦脸地对父亲说："爸爸，老师看了您写的字更生气了，让我今天回家重写10遍作业。"安婷的父亲叹了口气："爸爸以后再也不给老师提意见了。"随后陪着孩子重新完成作业，一直弄到晚上10:30才写完。

分析：这是教师交际口语语用失误案例。语文教师第一天发现学生家长没有在《家校联系册》上签字，第二天又看到学生家长在《家校联系册》上面的留言后，就应该主动、及时地与学生家长取得联系，询问并了解事情发生的原因。案例中的学生家长，因为在单位加班没能及时检查孩子作业并在《家校联系册》上签字，同时还对向老师以此来惩罚孩子重做作业的"教育"方式非常不满，但也无可奈何。对于这种情况，教师应当本着关爱学生、设身处地为家长着想的态度来处理此事，而不是武断草率、生硬固执地用惩罚学生加倍重做作业的方式，"逼迫"学生家长"主动"与教师达成所谓的"教育共识"，犯了沟通不及时、倾听不耐心、控制能力弱的语用失误。

【示例十】

一天，班主任刘老师接到校长办公室通知，说她班上有两名学生趁老师和同学大课间去操场做操时，悄悄溜进学生活动室，用教室里面的水彩颜料和马克笔在桌椅、地面上乱涂乱画，还用粉笔在黑板上写了一些不文明语言。这一切都被学生活动室里安装的摄像头录了下来。刘老师非常生气,立刻打电话分别通知两名学生的家长到学校处理此事。

两位学生家长赶到教师办公室后,一进门就看到班主任正近距离站在两名学生的对面,严厉地批评学生。刘老师拉长着脸,怒目圆睁,不时用手指点着两名学生的脑门,高声地训斥着。看到学生家长来了,刘老师板着脸,一屁股坐在椅子上,身体往后靠在椅背上,跷起"二郎腿",胳膊往胸前一抱,冷眼说道:"来来来,都过来看看学校的监控录像,瞅瞅你们家孩子干的好事儿!"两名学生家长的脸一阵红一阵白,一位家长手足无措地站立着,另外一位家长则直接冲上前去给了自己孩子一巴掌。

分析:这是教师体态语用失误的案例。案例中的班主任因无法正确面对、冷静处理班里学生的恶作剧及不文明行为,便将所有的怨气通过自己的表情语、手势语、身姿语、空间语向学生及其家长发泄了出来,导致学生及其家长无言以对,备感尴尬和狼狈,一方面容易引起学生的抵触情绪,另一方面也可能会导致家长对子女的教育丧失理性和信心。

(三)失误自查及治疗

1.阅读下面的文字,请谈谈你是如何看待这个调查结果的,并简要说明理由。

为了了解在学校这一未成年人学习和生活的特殊场所中,教师对学生的语言暴力状况,2005年7月—12月,北京青少年法律援助与研究中心对北京近30所中小学校的315名小学、初中、高中学生进行了问卷调研。调查结果显示:有51%的小学生、72%的初中生和39%的高中生认为,教师的语言暴力给他们造成了不同程度的心理伤害。这些语言暴力中,针对小学生的主要有"傻猪""傻瓜""神经病""坏蛋""笨蛋"等;针对初中生的主要有"傻""白痴""弱智""智商低""脑子笨"等;针对高中生的主要有"笨猪""不要脸""不自觉""没脑子"等。[①]

---

① 整理自:张雪梅(2006)教师语言暴力调研报告,《中国教师》第6期。

第六章
教师口语表达常见失误及诊治

2. 请结合所学专业，自行选择一篇课文，熟读之后进行脱稿表达，并为其配上适当的体态语。训练时，以小组为单位，由组员轮流使用手机帮助同学录制练习视频。视频录制完毕后，组员共同观看所有练习视频，分析和讨论每位同学是否存在语用失误的问题，以及应该如何纠正这些失误。

3. 阅读下面的案例，分析案例中的教师批评语是否存在语用失误。如果有，请加以分析及纠正。

班里有一名学生学习成绩长期不好，本次期中考试又没有考好。教师要学生把试卷带回家去让家长过目并签字。这名学生因为害怕被家长责骂，便找人在试卷上代替家长签了字。教师发现后，在全班同学面前批评说："有的同学，不但学习成绩不好，品德也很有问题，爱耍小聪明，不诚实，找人代替家长签字这种事都干得出来。如果能把想鬼主意的心思用在学习上，也不至于每次考试都考成这样。"

4. 一些教师为了体现出与学生的友好亲近关系，随时随地都会在口语表达中表现出随意、玩笑、嬉戏、亲昵的意味。比如：称呼学生为"哥们儿""姐们儿"；不分场合地评价学生的长相、穿着；频繁地表现出对某一位学生的喜爱及亲近等。这是否也属于一种语用失误现象？请简述理由。

5. 语气、语调和语速都是影响教师口语表达不可忽视的重要因素。请结合教育教学工作实际，观察和总结这三种因素所导致的教师语用失误现象。

6. 阅读下面的教师交际口语案例，分析案例中的教师发言是否存在语用失误。如果有，请加以分析及纠正。

① 一位学生转学后，家长发现孩子学习成绩明显下滑，便主动到学校找班主任反映孩子情况，请教师给予孩子关注和帮助。班主任很不高兴地说："您也不想想，您家孩子原来在什么学校，那个学校的教育教学质量能跟我们学校相提并论吗？再说了，我也不可能天天盯着他啊，班里这么多孩子，个个都要我盯着，您说做得到吗？就算我能做到，其他学生家长也不乐意啊，别人家的孩子就不需要管吗？同是一个班，都是一样的老师，为啥其他孩子就跟得上，您

家孩子就跟不上？好好找找自己家的原因吧。"

② 两位教师在办公室谈论学校近期开展的课程教学改革工作。一位教师说道："现在工作任务都这么重了，天天早出晚归，哪里有时间搞什么改革啊？大部分学校搞改革都是为了应付上级部门检查，老师们其实心里都很抵触。"另一位教师说："就是啊！再说现在的学生都很懒，选课时只选容易过关的课程，还要让他们来给老师打分，哪个老师敢严格要求学生啊？"

③ 学校召开教师代表会议，领导就教师奖励性绩效分配方案进行了说明后，请教师代表们充分发表意见和建议。一位教师说："校长，我觉得您这份方案内容很不合理，因为……"这位教师还没说完，就有一位教师插话："岂止是不合理，根本就是没道理，建议学校领导把所有细节都考虑清楚了再拿来给大家讨论。"

参考文献

陈佳怡、王亿本（2017）西方体态语研究的理论探索与现实观照，《青年记者》第15期。

陈利平、王仲杰、范希运、章跃一（2005）《新课程背景下的教师课堂语言》，北京：高等教育出版社。

程培元主编（2010）《教师口语教程》（第2版），北京：高等教育出版社。

崔梅、周芸主编（2010）《话语交际导论》，北京：北京师范大学出版社。

崔梅、周芸主编（2013）《普通话等级考试训练教程》（第3版），北京：北京师范大学出版社。

崔梅、周芸主编（2014）《播音主持话语表达教程》，北京：北京大学出版社。

崔梅、周芸主编（2015）《小学教师语言》，北京：高等教育出版社。

董世建（2005）《论当代教育的启迪智慧趋向》，河南大学硕士学位论文。

国家教育委员会师范教育司组编（1994）《教师口语训练手册（试用本）》，北京：北京师范大学出版社。

何奎莲（2016）《体态语——现代教师的必修课》，成都：西南交通大学出版社。

侯琳波、陈桐军（2018）《教师即兴口语教程》，长沙：湖南教育出版社。

姜荣奎（2012）《教师如何与学生沟通》，北京：中国轻工业出版社。

姜望琪（2003）《当代语用学》，北京：北京大学出版社。

教育部审定（2008）《道德与法治》（六年级），北京：人民教育出版社。

李鹏（2021）《主持人形体与体态语实训教程》，北京：中国传媒大学出版社。

李婉悦、谭群、刘燊、韩尚锋、张林、徐强（2020）语境信息对面部表情加工的影响，《应用心理学》第2期。

李宇明（2017）语言技术对语言生活及社会发展的影响，《中国社会科学》第2期。

李振村（2011）《教师的体态语言》，北京：教育科学出版社。

林秀丽（2015）教师批评语技巧点滴谈，《科教文汇》2月下旬刊。

罗明东、崔梅、单春樱、周芸主编（2007）《教师口语技能训练教程》，昆明：云南大学出版社。

骆小所（2000）《现代修辞学》（修订版），昆明：云南人民出版社。

孟建安（2019）《人际交往语言学》，广州：世界图书出版广东有限公司。

宋晓娟（2017）浅谈幽默与教育教学，《中学课程辅导（教学研究）》第34期。

宋扬、吕明臣（2016）信息传递中教学言语交际话语形式选择原则研究，《图书馆学研究》第17期。

孙惠欣、赵玉霞主编（2016）《教师语言》，北京：高等教育出版社。

王桂波、赵海宝主编（2014）《教师语言》，北京：高等教育出版社。

王琳（2018）国防语言战略视角下中国特色语言安全问题研究，《语言政策与语言教育》第1期。

王向阳主编（2010）《班主任实用口才经典》，长春：东北师范大学出版社。

严育洪、黄荣德（2017）《让后进生学习有后劲之36计》，南京：江苏凤凰教育出版社。

叶冬连、万昆、庄玲（2016）中美"价值教育"公开课的师生言语互动比较，《现代教育技术》第1期。

臧晓娟、杨毅、崔玉萍主编（2017）《教师口语训练》，北京：北京理工大学出版社。

张恒超（2019）交流手势认知理论，《心理科学进展》第3期。

张雪梅（2006）教师语言暴力调研报告，《中国教师》第6期。

郑薏苡主编（2021）《幼儿教师语言技能》，北京：高等教育出版社。

中国传媒大学播音主持艺术学院（2014）《播音主持语音与发声》，北京：中国传媒大学出版社。

钟杰（2012）《班主任德育预设技巧66招》，北京：北京师范大学出版社。

周芸、崔梅主编（2015）《语言传播概论》，北京：北京大学出版社。

周芸、邓瑶、周春林主编（2011）《现代汉语导论》，北京：北京大学出版社。

后 记

"教师语言"是高等院校师范生的一门专业必修课程。课程重视理论学习和技能训练的有机结合,对教师课堂教学口语、思想教育口语、教师交际口语以及教师体态语等方面内容进行系统讲授和技能训练,旨在培养和提高高等院校师范生未来从事教育教学工作所需的职业语言素养及技能。

2000年,云南师范大学开设了"教师口语"校级公选课程。2002年,学校组建了"云南师范大学师范生职业语言技能培养教学团队"。团队教师通过开展课程教法研讨、编写课程教材《教师口语技能训练教程》(罗明东、崔梅、单春樱、周芸主编,云南大学出版社,2007年)、设立"师范生教师口语水平考试",以及开展相关的项目及课题研究,使我校师范生的教师职业语言素养及能力不断提高。与此同时,团队教师还通过开设"话语交际""演讲与口才"等校级公选课程,以及组织学生开展第二课堂语言实践活动和各类语言技能专业比赛,使学生的综合语言素养得到了有效培养。

经过探索和实践,课程团队逐步形成并建立了"云南师范大学师范生职业语言技能培养模式"。该模式由三个层级及相应的课程构成。第一层级为教师工作语言技能训练,对应课程为"普通话训练",目标和任务是完成师范生的国家通用语言的教学和训练,使其普通话水平达标。第二层级为教师职业语言技能训练,对应课程为"教师语言",目标和任务是通过学习和训练,使其能够规范运用不同类型的教师口语。第三层级为教师综合语言素养培养,对应课程为"话语交际""演讲与口才"等校级公选课,目标和任务是通过学习和训练,使师范生能够在演讲、朗诵、话语表达等方面全面提升语言表达综合能力。

2013年,云南师范大学"小学教师语言"课程获教师教育国家级精品资源共享课程立项,并在"爱课程"全面上线。2015年,课程团队公开出版教师教育国家级精品资源共享课立项课程配套教材《小学教师语言》(崔梅、周芸主编,高等教育出版社)。

进入新时期以后，课程团队立足国家通用语言传播需求，以国家语言文字政策为依据，结合我校建设教师教育特色鲜明的高水平综合大学的目标，整合线上线下优质教育资源，将师范生的教师口语表达与实践作为课程内容进行建构，关注课程教学质量持续改进体系，不断创新课程理论体系和实践模式。我们真诚地期望教材的出版，能够在当前国家通用语言传播的时代背景下，服务于读者学习、掌握和提升教师口语表达与实践的需要。

本书由周芸、朱腾负责设计和撰写章节体例及标题。各章节撰稿人具体如下：第一、四章，周芸；第二、六章，朱腾；第三章，邱昊；第五章，杨颖；第五章教师体态语示范者为云南师范大学播音与主持艺术专业本科生李倪沐坤（2019级）、苏正宇（2019级）、刘冠宇（2020级）、何元璐（2021级）。全书各章节内容及文字的统稿工作由周芸负责完成。

本书在编写过程中，参阅了前辈时贤的专著、论文，从中汲取了丰富的营养，在此表示衷心感谢。本书的出版，得到了北京大学出版社领导及编辑老师、评审专家的指导和帮助，在此表示最诚挚的谢意。

本书作者

2023年于昆明